优等生必知国学智慧书系

优等生一定要知道的《庄子》典故

编著
邵勋潜

花山文艺出版社

图书在版编目(CIP)数据

优等生一定要知道的《庄子》典故 / 邵勋潜编著. –
石家庄 : 花山文艺出版社, 2011.9(2021.6 重印)
（"读·品·悟"优等生必知国学智慧书系）
ISBN 978-7-5511-0331-2

Ⅰ.①优… Ⅱ.①邵… Ⅲ.①语文课 – 课外读物
Ⅳ.①G634.303

中国版本图书馆 CIP 数据核字（2011）第 191709 号

丛 书 名：**优等生必知国学智慧书系**

书　 名：**优等生一定要知道的《庄子》典故**

编　 著：**邵勋潜**

策　　划：**张采鑫**

责任编辑：**于怀新**

责任校对：**齐　欣**

特约编辑：**李文生**

全案设计：**北京九洲鼎图书有限公司**

出版发行：**花山文艺出版社**（邮政编码：050061）
　　　　　（河北省石家庄市友谊北大街 330 号）

销售热线：0311–88643221

传　　真：0311–88643234

印　　刷：永清县晔盛亚胶印有限公司

经　　销：新华书店

开　　本：650×1080　1/12

印　　张：11

字　　数：120 千字

版　　次：2011 年 9 月第 1 版
　　　　　2021 年 6 月第 2 次印刷

书　　号：ISBN 978-7-5511-0331-2

定　　价：36.00 元

前言

　　我国古典文学宝库博大精深,《庄子》是其重要的组成部分之一。它在文学方面有独特的建树,对中国思想发展起着重要作用。鲁迅先生在评论《庄子》的文学成就时,曾说:"其文则汪洋捭阖,仪态万方,晚周诸子,莫能先也。"(《汉文学史纲要》)《庄子》中神游天地、纵横古今的想象,丰富而生动的寓言故事,挥洒自如、富于个性的语言等,使其散发出无穷的魅力,历代受其影响者难以计数。

　　为了能够帮助学生,尤其是初涉人生的青少年读者,使之得到心灵的滋养、智慧的启迪,走进那五彩斑斓的《庄子》世界,在那无尽的风采和魅力之中,受到美的教益和熏陶。我编著了这本《优等生一定要知道的〈庄子〉典故》。

　　本书从体例上分为释义、故事、赏析三个部分,按有关内容,编著成生动有趣、别具一格的课外读物。本书中的故事,寓意深刻、深入浅出、寓教于乐、鞭辟入里,机智幽默、活泼有趣,一定会备受读者的喜爱。

　　最后,我衷心希望这本书能对学生阅读《庄子》有所帮助,真正读通、理解它,领会其意,举一反三,将会受益终生。

　　由于本人水平有限,书中的缺点甚至错误肯定存在,殷切希望广大读者批评指正,以便进一步修改和提高。

●邵勋潜

1

2

4

安时处顺

释义

安于常分,顺其自然。形容满足于现状。

故事

老聃死了,他的朋友秦失前去吊唁,仅仅哭了三声就出来了。

弟子问道:"老聃不是您的朋友吗?"

秦失回答说:"是的。"

弟子又问道:"既然是朋友,如此吊唁,可以吗?"

秦失回答说:"可以的。开始我以为他是个俗人,现在看起来是错了。刚才我进去吊唁的时候,看见有老人哭他,如同哭自己的儿子一样;有年轻人哭他,如同哭自己的父母一样。他们之所以聚集在那里,一定有重视生死之心,虽然本不想说话、不想哭,但因控制不了感情,还是又诉又哭,很是伤心。这些人如此悲伤,违反自然,逃避天意,忘掉了人是受命于天的,古时候称这是逃避自然的规范。正当他该来的时候,老聃应时而生;正当他该去的时候,老聃顺乎自然而死。对待生死能持安于常分,顺其自然的态度,哀乐之情就不能侵入人的内心。"

赏析

世事皆有道。生死本是人生必经之路,有幸而生,死即为必然。这本是生命需要遵循的自然规律。看淡生死,伤心便不会在心里留存烙印,哀

2

乐之情就不能侵入人的内心。这世界有太多的人会在不经意间经历生死，生固然可喜，死亦绝非异常。任何时候，都要以平常心活着，学会平静看待这个世界。

宠辱不惊，看庭前花开花落；去留无意，望天上云卷云舒。如此胸怀，方成人生最高境界！

白驹过隙

释义

形容时间过得飞快，像小白马在细小的缝隙前一闪而过。白驹：白色骏马，比喻太阳。

故事

孔子壮年时去过洛阳，第一次见到了老聃。

老聃那时是周王朝的宫廷官吏，工作十分繁忙。

孔子见到老聃后向他大谈儒家的仁义学说，结果在老聃那里碰了壁。孔子回到驿馆以后，反省了很长时间，才感觉到自己仍有不足之处。于是，孔子又去拜见老聃，想请他详细谈一下大道。

孔子说："今日安闲无事，请问您的至道是什么呢？"

老聃说："你得持斋守戒，来一番心灵的大扫除，把你的精神洗干净，把你所谓的真才实学一棍子打个粉碎，方可修道。道，深邃像海，不知从何谈起，我只能给你谈一个轮廓。"

老聃讲了一番道的本质和表现后，又感慨地说："人生活在天地之间，就好像小白马飞驰过小小的缝隙一样短暂，

4

一晃就过去了！万物蓬勃兴起,没有不出生的;万物又萧条冷落,没有不消逝的。已经变化而生,又将变化而死。生物为消逝的同类哀伤,我们人类为消逝的同类悲痛。从无形变化到有形,从有形变化到无形,这是大家所共同讨论的问题。但是大道是不可听说的,需要自己去领悟。这样才能得到真正的大道。"

赏析

光阴似箭,我们在感慨时光飞逝的时候,往往忽略了人生的长度,没有好好地利用人生。想想人的一辈子也就是短短数十载,可能在我们还年轻的时候觉得时间够用,但是等到成年以后就会觉得时间紧迫了,等到垂垂老矣,我们就会像珍惜稀世珍宝一样珍惜时光了。趁着年轻,我们要抓住时光的手,不让它偷偷溜走。年轻的时候,我们要多读读书,多走走路,不断充实自己,不要让这样美好的时光成为无可挽回的东流之水。

抱瓮灌园

释义

比喻安于拙陋淳朴的田园生活。

故事

一天,孔子的弟子子贡到南方的楚国游历一番后返回晋国,路过汉水南岸时,他看到一个老翁正在菜园里种菜。老翁种好菜后,把一个瓦罐系上绳,放入井中,等瓦罐盛满了水,再提上来,然后抱着瓦罐去浇菜。

子贡看到他非常费劲,而功效很差,就上前对老翁说:"有一种汲水器,一天能浇灌上百畦菜地,用力很小而功效很大,您想不想用?"

老翁抬起头,看了看子贡,问:"那是一种什么样的器具?"

"那是一种用木头做成的器械,后面重,前面轻,汲水就像人从井里抽水一样,但水流得很快。这种器械名叫桔槔(jié gāo,一种用杠杆原理制造的汲水器)。"子贡回答说。

老翁冷笑了几声,说:"我听我的老师说,用机械的人,一定会做投机取巧的事;而做这种事的人,一定有投机取巧之心;这种投机取巧之心存在胸中,就不会具备纯粹素朴的天性。这种不具备纯粹素朴的天性的人,肯定心神不定;而心神不定的人,便不能容载大道了。我不是不知道汲水器,而是耻于去用罢了。"

子贡听了老翁的一席话,感到满脸羞惭,低头不再说话。过了一会儿,老翁问道:"你是干什么的呢?"

子贡说:"我是孔丘的学生。"

老翁满脸不屑地说:"你们自比圣人,盛气凌人,可人们并不听你们的那一套。你倘若遗忘你的神气,抛掉你的形体,差不多就接近大道了!你自身都不能修为,哪有工夫去治理天下呢!你走吧,别妨碍我的事情!"

子贡听了,惭愧不安,脸色失常,低着头匆匆走了。一直走了30里路后,才恢复常态。子贡的弟子说:"刚才见到的是什么呢?先生为什么见了他面容失色,整天不能恢复原来的风采呢?"子贡感叹地说:"我本以为天下只有我老师一个人够得上是圣人呢,竟不知道还有种菜老翁这种

人。我曾听老师说过,做事要适当,用功要讲究成效,用力少而功效大,才是圣人之道。现在看来却不是这样。掌握大道的德性全备,德性全备的形体健全,形体健全的精神圆满,精神圆满的才是圣人之道。"

后来,子贡回到鲁国,把自己遇到种菜老翁的事情告诉了孔子。孔子说:"他是个修炼混沌氏道术的人,只识这一个道术,不识其他;只知道修炼内心而忘记尘世间的一切俗事。像他们这种心地明净而达到纯净的境界,追求的是返归自然的人,你怎么能不惊异呢? "

赏析

信仰不是一种学问,而是一种行为,它只有被实践的时候才有意义。所以,有些人为了某种信仰而奋斗着,他们的成功也是基于扎根心底的高尚的信仰。不管是孔子还是种菜的老翁都有自己的信仰和自己的精神追求。我们每个人也都有信仰的自由,而且,一个人只有拥有了高尚的信仰才能更好地生活下去。为了我们心中的理想,为了我们灿烂的明天,坚持自己的信仰吧!

不材之木

释义

不能做东西的木头。比喻没有用处的事物。

故事

古时候,有个木匠,名叫石,人们都叫他匠石。

有一天,匠石带着他的徒弟到齐国去,来到一个叫曲辕的地方,看见那里有一个社（土地神庙）。当时每一个这样的社都有一棵大树作为标志,称为社树,而曲辕这个社里长了一棵高大的栎树。这棵栎树遮蔽的地方可以容纳数千头牛,它的直径大约有一百尺,比旁边的小山高出了八丈以上才长出枝条。前来观看这棵社树的人像赶集那么多。匠石的徒弟围着这棵树转了两圈,直到看得心满意足了才去找师傅,却发现师傅已经走得很远了。

徒弟急忙追过去,对匠石说:"师傅,从弟子拿着斧头跟您学艺以来,从未见过这么好的木材,但师傅却看也不看,只管走路,这是为什么呢?"

匠石说:"算了吧,提它做什么! 那只是无用的散木,做船要沉掉,做棺材则很快烂掉,做器具很快会坏掉,做门的话里面会渗出脂浆,做柱子的话则会被虫蛀掉。这种木材没有什么用处,所以它的寿命能这么长。否则,它早就被人砍了。"

赏析

很多东西看起来蔚为壮观,但是实际上却用处甚微,甚至一无是处。看事情,我们不能只看表面现象。那些表面看起来很耀眼的东西,也可能内质却庸俗不堪,这就是所谓的"金玉其外,败絮其中"。所以,我们不要花费过多的心思去装点外表,应该多多充实自己的内心,增长自己的才干。像那些徒有其表的不材之木,总不会被人欣赏的。我们要做有用之才,

要让人感受到我们存在的价值,为社会贡献自己的力量,这样我们才会被社会所尊重。

不龟(jūn)手药

释义

原意指使手不冻裂的药,后比喻平常之物也可发挥大作用。龟:通"皲",(田地等)裂开许多缝隙,出现许多裂纹。

故事

春秋时候,有一天,在宋国的一条河旁,有位中年汉子带着几名青年男女正在呼啸的北风中用冰冷的河水漂洗棉絮。

远处走来了一位身穿裘衣的客人。他在青年男女们跟前停下仔细看了一会儿,忽然说道:"奇怪,我一路过来,看见不少在水中作业的人,他们的手都冻裂了,怎么你们的手都好好儿的?"河边一位姑娘头也不抬地随口答道:"这有什么可奇怪的?我们有不龟药呗!"客人说:"是吗?你们这药是怎样配制的?"那中年汉子一听这话儿,立即停下手里的活儿,警惕地看着这位客人:"这是我家的祖传秘方,你问这干什么?"客人笑了笑,说:"哦,对不起!那么,你们这药方卖给我行不行?我愿意出高价,一百金(金是古代计算货币的单位),怎么样?"中年汉子一听到

"一百金",不禁睁大了眼睛。他想了想,对客人说:"这事我一个人做不了主,还得回去问问家族的人。你真要买的话,请你明天这个时候再到这里来。""那好。一言为定。"客人说着就走了。

当晚,中年汉子召集整个家族的人来商量这件事。商量的结果是,他们决定把祖传秘方卖给那位客人。因为他们世世代代以漂洗棉絮为业,所得也不过数金而已。现在一下子就能得到一百金,他们的生活可以因此而大为改观,而且这丝毫也不妨碍他们继续配制和使用不龟药。因此在他们看来,用祖传秘方去换一百金,是件只有益处而没有害处的大好事。

那位客人买到药方后,立即到吴王面前去游说,声称自己有在冬天取胜的秘方,希望能有机会让他试一试。吴王同意了,那客人按秘方加紧配制了大量的不龟药。不久,越国军队入侵吴国,吴王就派那位客人率领军队同越国交战。当时正值严冬,又是在水上作战,越国军队的将士们手都冻裂了,兵器也不好使。而吴国军队的将士则因为事先在手上涂了不龟药,在这方面占了优势,结果大获全胜。吴王论功行赏,分出一块土地赏给了那位客人。

赏析

很多看似不起眼的东西,实际上都有莫大的用处,因此我们千万不要看不起那些微小的事物。没有什么东西可以简单地进行衡量,看似普通的一滴水放到大海里,才知道它也是波澜壮阔的浪涛中的一分子。而在沙漠中的每一滴水对于那些饥渴不堪的人来说,更是救命的稻草绳。所以,物尽其用,人尽其才,这是最合理的资源分配方式。一种冻伤药放在一个人的手里没有什么用,到了另一个人那里却可以助他加官晋爵,这不得不说后一种人是懂得发挥事物优点的能人。

不上不下

释义

上不去，下不来。形容进退两难。

故事

有一天，齐桓公在大泽中狩猎，管仲为他驾车。突然间，齐桓公似乎看见了有鬼在周围游荡。受到了惊吓的齐桓公拉着管仲的手问道："仲父，你看见什么了吗？"

管仲看了一下车子的周围，回答说："臣什么都没有看见。"

齐桓公回去之后，终日惶恐不安，不久就染上了疾病，好几天都不出门庭。

齐国有一个叫皇子告敖的人，他听说了这个情况，就主动请见齐桓公。他对齐桓公说："您这是自己吓唬自己，区区小鬼怎么能伤害您呢！蓄忿之气郁结，发散而不返，便造成精神不足；上冲而不降，便会使人易怒；下降而不升，便会使人健忘；不上不下，淤积心中，便会使人生病。"

在皇子告敖的一番开解之下，齐桓公的脸上终于露出了笑容，不到一天的时间，他的病就全好了。

赏析

人生之中有一种很难堪的境地，叫做进退两难。我们很多时候都可能会不自觉地将自己置身于这种境地之中。于是，我们彷徨，我们手足无

措,不知道到底是该往前走还是往后退,耗费了大量的时间和精力,就像是走到了人生的沼泽之中。所以,我们要懂得未雨绸缪,在事情还没有到不可挽回的境地的时候,我们就及时地选择已经计划好的退路,做到顺利转身重新开始。即使我们陷入了进退两难的境地,我们也应该保持头脑冷静,进行客观地分析,找到解决问题的方法。

不胜为胜

释义

比喻只有顺其自然,不与众小争胜,才能成就大胜。

故事

古代有一种独脚兽,名叫夔(kuí)。它一蹦一跳地在山坡上走,看见万足虫用许多只脚在地上爬动,惊讶地说:"我用一只脚跳跃行走,已经觉得再方便不过了,你何以用那么多只脚爬行呢?"

万足虫回答说:"我天生就有那么多只脚,自然能用这些脚爬行。"

万足虫正说着,忽然看到一条蛇,蛇一只脚也没有,可是比自己爬得还要快,便问道:"蛇呀蛇,我用那么多脚爬行,你没有脚,可是比我爬得快。这是为什么呢?"

蛇答道:"我天生就没有脚,怎么用脚行走呢?"

蛇说着就在一个山冈上停了下来,欣赏起四周的景致来。突然一阵大风刮来,树叶抖动,尘土飞扬。蛇心想:这风刚刚还在那边山上打转,一眨眼,就吹过来了,真是快啊!这风不但没有脚,连身体也没有,真是太不可思议了。于是蛇扯开嗓门向空中问道:"风啊风,我虽然没有脚,也还能用身体撑着爬行。可你不但没有脚,连身体也没有,却能一眨眼从山那边吹到这里,这是为什么?"

风回答说:"我呼呼地从北海旋起而刮到南海,虽然气势很大,但是却有比我还要厉害的东西,比如人的手指可以戳我一个洞,双脚可以踩我一个坑。不过,能够折断大树,掀翻屋顶,只有我才有这样的能力。"

赏析

人生有很多事情都是自己难以预料的,把握不住事物的走向就容易遭受失败。我们不要为了一些无关紧要的人和事去斤斤计较,那样只会分散我们自己的精力。

演员苦练数年,他不用去和任何人作比较,也不用去在乎平时遭遇的失败,这些都不是最重要的。最重要的是他们知道熟能生巧的道理,能够心无旁骛地练习。当他们站在绚丽的舞台上,面对成千上万的观众,坦然自若,顺利地完成演出,最终获得的将会是鲜花和掌声。所以,我们在追求成功的路上,不要在意一时的不得志和失败,那些只是我们最终迈向成功的铺路石而已。

不受米粟

释义

比喻坚守节操，志行高洁。

故事

郑国有个贤人叫列子，他生活过得穷困潦倒。那时候，郑国的相国郑子阳养了许多门客，他爱才好士的美名远播在外。

列子有个朋友也在郑子阳门下当门客。他见列子生活贫困，就对郑子阳说："大人，在下听说有个叫列子的人，是个贤人，您若给他送点粮食，您的爱贤之名就会传得更远了。"

郑子阳也久闻列子的大名，立即派人给他送去一些粮食。但是列子说什么也不肯要相国送来的粮食。

列子的妻子惋惜地说："我听说作为有德行的人的老婆和子女，都能过安逸快乐的生活。现在，世人都称你为有道之人，我们却过着穷苦的生活，相国送你粮食，你却拒不接受，这是为什么呢？"

列子笑着对妻子说："相国并不是真正了解我，只不过是听别人说我有些名声，才来给我送粮食；可如果有人在他面前说我坏话，他又可能会加罪于我，这就是我不接受他馈赠的原因。现在我们生活虽然穷困一点，但是我们是靠自己的劳作而活，活得自在。可一旦接受相国的粮食，我们就成了靠他人施舍而活的人了。"妻子听了忙说："我真是糊涂啊！不知你心存高远，请你原谅我的糊涂。"

后来，郑国的百姓因不堪苛捐杂税，揭竿而起，杀掉了残暴的郑子阳，

与郑子阳有关的人都遭受了牵连,列子因与郑子阳毫无关系而安然无恙。

赏析

　　友人之间互相馈赠礼品,亲人之间互相赠送礼物,这都是很习以为常的事情。但是有些礼物,我们是不能够接受的。能不能接受礼物,不仅要看礼物是否贵重,更要看送礼物的人是谁,其动机何在。

　　那些品格高尚的人,是不会随便接受他人的礼物的。因为他们很在乎对方送礼物的初衷,所以"无功不受禄"在品行高洁的人那里是一条不可动摇的原则。我们应该知道什么东西是自己应得的,什么东西是不属于自己的。拒绝那些不该得的东西,才能够保持我们内心的高洁。

不系之舟

释义

　　没有束缚和缆绳捆绑的船。比喻漂泊不定的生涯,也比喻无拘无束的身躯。

故事

　　有一次,列御寇要到齐国去,结果中途就返回了,在返回的路上遇见

了伯昏瞀人。伯昏瞀人问列御寇："为什么要半路返回呢？"列御寇告诉他说："我感到惊异，我曾经到十家卖浆店里饮浆，结果只有五家卖浆店先送给我。"

伯昏瞀人又问："既然是这样，你有什么可惊异的呢？"

列御寇回答说："卖浆人家只是做一些小买卖罢了，没有多少盈利，但仍然这样对我，更何况对于万乘之君呢？国君将要委任我国家大事，将会要求我做出功绩来，所以我感到了惊异。"

伯昏瞀人称赞地说道："你太会观察问题了，你放心吧，人们会归附于你的。"

过了一段时间，伯昏瞀人去看望列御寇，远远地就看见列御寇家的门前摆满了鞋子。伯昏瞀人在门前站了一会儿，然后就转身离开了。下人把这个情况告诉了列御寇，列御寇光着脚急急忙忙追出门外，问伯昏瞀人为什么不进屋。

伯昏瞀人语重心长地告诉列御寇："我告诉过你，人们会归附于你，现在人们果然归附于你了。这并非是你能够让人们归附你，而是你不能够让人们不归附你，你何必感到愉快，表现出与众不同呢？你这样做必定会让人们以同样的欢心来摇荡你的本性，这没有什么好处。与你交往的人，又不会把这些道理讲给你听。他们的那些细微之言，全是害人的。有技巧的人难免不辛苦，有智慧的人往往多忧多虑，只有那些没有才能的人无所追求，他们吃饱了饭就到处逍遥快活，就像没有绳子系着的小船，在虚无的心境中自由自在地漂泊。"

听完伯昏瞀人的一番告诫，列御寇站在原地思考了许久。

赏析

谁都希望自己能够逍遥自在地生活。但是世界上如果每个人都去悠

哉快活地过日子,那么又有谁来承担责任呢?只有那些没有任何才能和责任心的人,才会游手好闲地混日子。我们或许还年轻,承担不了太多的责任,但是如果以此为借口推脱事情,就显得一无是处了。努力学习知识,努力使自己变得充满智慧,努力让自己掌握生存的技巧,这就是我们目前要做的事情。如果心无目标,终日无所事事的话,难免会被这个世界淘汰。

苌弘化碧

释义

形容刚直忠正，为了正义而蒙冤抱恨。现也用来写青绿的颜色。

故事

苌（cháng）弘是东周景王时的大夫，景王死后，王族发生内乱，苌弘和卿士刘文公一起，借助晋国的帮助，辅立王子即位，史称周敬王。

周敬王见苌弘忠心耿耿，又非常有才能，对他很信任。苌弘尽心竭力辅助周敬王，想使周朝复兴起来。然而，他这样做引起了诸侯国中某些政客的忌恨。

不久，晋国的范氏、中行氏、智氏、赵氏、魏氏、韩氏六卿发生混战，范氏和中行氏被其他四氏所灭。范氏原是晋国执政的正卿，又和周王室的卿士刘文公有姻亲关系，因此，在晋国内乱时，周王室明显地站在范氏和中行氏的一边。

赵、智、魏、韩四氏灭掉范氏和中行氏后，接着又追究周王室中支持范氏和中行氏的人。他们知道刘文公地位很高，无法扳倒，便指名要周敬王惩治苌弘。但周敬王认为苌弘是辅立自己的功臣，不肯对他惩处。

晋国的正卿赵鞅很不高兴，他派大夫叔向来到周王室的所在地，用阴谋诡计离间周敬王和苌弘的关系。他故意频繁地去拜访苌弘，有时甚至深夜才告辞，以引起周敬王和刘文公的怀疑。然后叔向在有一天去拜见周敬王时，说："大王，晋国已经查明范氏、中行氏之乱与苌弘无关，你不必再惩处苌弘了。我也告辞回国去了。"

在临走的时候,他故作匆忙,把一封伪造的假信丢落在殿阶上。内侍把信拾起来交给周敬王。周敬王打开一看,发现竟是苌弘写给叔向的密信,信中说:"请转告晋君,尽快发兵攻周,我将迫使天子废黜刘氏……"

周敬王把信给刘文公看了,刘文公不由大怒,立即要周敬王逮捕苌弘,并把他放逐到千里之外的蜀地去。苌弘没想到自己一片忠心,竟会落到这样的结局,到达蜀地后不久,便自杀了。

苌弘的冤死,引起了当地官民的怜惜和同情。他们用玉匣把他的血盛起来,埋入地下。3年后,有人掘土取出匣子,匣内的血已经化成了碧玉。

赏析

伸张正义有时候是要付出代价的,但是人们要是失去了正义之心,代价则更大。有些人在遇到突发事件时会变得怯懦,在暗自庆幸自己逃过一劫之后,麻木地继续着自己的生活。殊不知,众人的软弱已经让那些坏势力更加胆大妄为,总有一天,同样的危险会发生在自己身上。面对生活中的不平之事,我们应该出手相助,也更应该见义"智"为,只要我们都有一颗正义之心,这个社会将更加和谐美好。

沉鱼姿色

释义

形容女子容貌美丽。鱼见了以后要羞入水底，鸟见了以后要飞向高空。

故事

啮缺的老师王倪知识广博，学问很深，但一般人很难理解得了。啮缺开始跟他学习时，由于王倪平时沉默寡言，因此啮缺有些怀疑老师的学问。

有一次，啮缺故意找了个难题问王倪："先生，您知道万物的共同之处是什么吗？"

王倪说："我不知道。"

啮缺又问："先生，您知道您为什么不知道吗？"

王倪说："我还是不知道。"

啮缺心想这下老师可被我问倒了！于是他又追问："难道天下万物都是不可知的吗？"

王倪说："我怎么会知道呢！这就像人睡到潮湿的地方就会腰痛，泥鳅却生活在水里。人到了树枝上就感到惴惴（zhuì）不安，猴子却住在树上，你说到底谁的住处是最好的呢？人以家畜的肉为食物，鹿以青草为食物，猫头鹰和乌鸦以老鼠为食物，你说到底谁的食物是最好的呢？麋喜欢与鹿交配，泥鳅喜欢与鱼交合。毛嫱和丽姬是人们所称赞的美女，鱼看见了便深潜水底，鸟看见了便高飞而去，麋鹿看见了便疾驰远离，人、鱼、

鸟和麋鹿究竟谁知道天下的美色呢？所以我认为，那些仁义的头绪，是非的道理，也是杂乱无章的，我怎么能知道它们之间的分别呢！"

赏析

对于很多事物都是仁者见仁智者见智的，并没有统一的认知标准。比如对于美食，每个人都有自己不一样的口味，所以会众口难调。同一件事物，喜欢的人会十分喜欢，厌恶的人会特别厌恶，这本不是事物本身的问题，而是因为我们每个人的眼光不同。

对于那些让鸟兽都惊艳的美丽，可能会打动很多人，但是不会博得所有人的喝彩，毕竟世界是色彩斑斓的，每个人都有自主选择的权利。

丑人哀骀(dài)它

释义

比喻一个人其貌不扬，却品行高尚。

故事

有一天，鲁哀公遇到孔子，很好奇地问他："卫国有一个相貌奇丑的人，叫哀骀它。男子与他相处，思念他而不能离去；少女们老远见到他，就

深深地爱上了他。他从没有主动发表过言论，没有特殊的地位，也没有超出世人的智慧。我听说这个人之后，就将他召到宫内，一看果然长得很丑。但是，我与他相处了不到一个月，就感觉到他有一种奇特而不可抗拒的魅力。不到一年，我便完全信任了他。因为国家缺宰相，所以我就想把国事委托给他。他虽然答应了，但是似乎不太情愿，有所顾虑。不久之后，他没有与我辞行，就独自一人离开宫廷，不知去了哪里。于是，我整天精神恍惚，像是丢了东西一样，好不容易碰到一个德行高尚的人，却又离我而去。我一下觉得在鲁国再没有人可以与我同欢乐了。他到底是一个什么样的人呢？"

孔子听后，沉默了一会儿，叹了口气说："我在楚国的时候曾看见这样的情况，一群小猪在刚死的母猪身上吃奶，不一会儿，小猪们都惊慌地逃开了。这是因为母猪对小猪们不再有任何回应，可见小猪们爱它们的母亲，并不是因为它的容貌，而是爱主宰容貌的精神。人的精神是高于形体的。哀骀它这个人虽然相貌丑陋，但是他精神充实、品行高尚。因此，他不说话，别人却相信他；没有功劳，别人却亲近他，甚至您都愿意将国事委托给他。这说明，他必定是一个天性完美无缺而道德高尚不显露的人！"

赏析

外表是一层薄薄的窗户纸，禁不得我们用手指去捅——轻轻一点就破了，就可以看见窗户里面的世界。但是我们很多时候，都容易被外表迷惑，而不能够体会到一个人内心的魅力。

那些外貌普通但品行高洁的人，是值得我们与之交往的。这样的人，内心的美丽不会随着时间的流逝而衰老，不会因为外界的干扰而变质。这样的美丽，才是值得我们欣赏的；这样的德行，才是值得我们膜拜的；这样的人，才是值得我们学习的。

唇竭齿寒

嘴唇没有了,牙齿就会感到寒冷。比喻利害密切相关。

故事

有一天,楚宣王举办了一场会合各诸侯的宴会。在宴会上,各国的诸侯无不献上自己最好的贡品,唯独鲁国君主恭公不仅迟到,而且献上的酒也不醇厚,楚宣王因此十分不满。

鲁恭公知道后,并不退却,而是理直气壮地说:"我乃周公的后代,行的是天子礼乐之道。今天为你送酒已僭(jiàn)越礼仪,你还怪我的酒不好,这不是太过分了吗?"说完,鲁恭公拂袖离去。

楚宣王听后十分气愤,于是出兵攻打鲁国。原来此事根本与赵国无关,但另一个野心家梁惠王以前就很想攻打赵国,但畏惧于楚国可能援救而一直不敢有所行动,现在正逢楚鲁两国相争,于是梁惠王趁机围攻赵国的都城邯郸。

因此,庄子说"唇竭则齿寒",讲的正是本来鲁国与赵国的利益密切相关,今鲁国破,赵国也就要跟着遭殃了。

赏析

唇齿相依,唇亡齿寒。国与国之间如果不能相互照应,就容易成为掠夺者的攻击对象;人与人之间如果不能相互支持,就容易成为野心家的

盘中棋子。如果我们不能学会维护身边的人的利益，那么总有一天会因为他人的利益受到侵害而最终威胁到我们自身的存在。要知道，是小草就要生长在同伴的包围中，是强者就要立足于情谊的支持中，无论何时何地，我们都要记得唇亡齿寒的道理，牢记情谊的可贵！

呆若木鸡

释义

表情呆板,像木头做的鸡一样。现用来形容因恐惧或惊异而发愣的样子。

故事

有一位名叫纪渻子的人,是训练斗鸡的行家,周宣王听说后,就请他来为自己驯鸡。

周宣王很关心驯鸡的进展情况,过几天就来看看。10天以后,他见鸡昂首挺胸,一副好斗的模样,就问:"这鸡驯得差不多了吧?"纪渻子说:"鸡的性情骄矜,高昂着头,瞧不起别人,这还不行啊!"

又过了10天,周宣王忍不住又来问:"这回鸡训练好了吧?"纪渻子回答说:"不行啊,别的鸡走动或叫唤,它还受到影响,这不算成功。"

一个月过去了,纪渻子还一点动静也没有,周宣王很着急,每天都往驯鸡的地方跑。纪渻子知道周宣王的意思,就主动地对他说:"这鸡还没有完全驯好。它的意气过于强盛,心神过于激动,眼睛看东西太急切。还得训练一些日子,要训练得它沉得住气。"

纪渻子一直把斗鸡训练了40天,才告诉周宣王,鸡驯好了,可以参加比赛了。他把那只鸡放在鸡群里,要周宣王仔细观察,并说:"你看这鸡,既不骄矜,心神又安定,别的鸡叫唤挑衅,它也不害怕,看上去好像一只木头做的鸡,不惊不动,别的鸡看到它都吓跑了,谁也不敢同它斗。这只鸡去参加比赛,保证天下无敌!"

周宣王听了纪渻子的话，非常高兴。

赏析

不骄不躁，心神安定，面临危机还能够岿然不动，这是难得的境界。这样的人能够所向披靡，这样的人能够立于不败之地。

我们在面对危机和挑战的时候，总是难免紧张和困惑，总是既想搏一回又害怕失败，结果心神不宁，最终导致一败涂地。其实，并不是那些困难打倒了我们，而是我们自己打败了自己。因为我们的内心不够强大，所以才会被那些外界的因素所干扰，才会被那些无谓的羁绊乱了心神。

蹈水之道

释义

指游泳的方法。比喻按照客观规律行动，从而完全驾驭它。

故事

孔子在吕梁游览观赏山水，瀑布垂挂三十仞，飞流溅沫四十里，大鳖鳄鱼都因水流湍急而不能游过。看见一个男子在水中浮动，以为是遭遇

困苦投水自杀的,于是叫弟子顺流赶去救他。那人沉入水中游了好几百步远才浮出水面,吟着歌游到堤岸下。

孔子走过去问他:"我以为你是鬼呢,仔细一看却是人。请问,游泳有特别的方法吗?"

那人回答说:"我没有特别的方法。我起初是本能,长大是习性,有所成是顺乎自然。和漩涡一起汲入,和涌流一起浮出,顺着水势而不去违拒。这就是我游泳的道理。"

孔子说:"什么叫起初是本能,长大是习性,有所成是顺乎自然?"

那人回答说:"我生于陆地而安于陆地,是本能;成长在水边而安于水上的环境,是习性;我不知道所以然而然,是顺乎自然。"

孔子听后,含笑点头,高兴地走了。

赏析

天上总有雨滴落下来,而地上的万物却不能不凭借外力就飞到天上去。什么事情都有其原因,什么变化都有其规律。只有摸清了其中的原因,才能利用好事物发展变化的规律。正如具备高超技艺的球员,都是通过日复一日的训练,才能够成为球场上的明星。他们了解了比赛规则,熟悉了皮球的弹性,掌握了运动的技巧,最终得以在球场上如鱼得水。如果强行按照自己的意愿,违背事物发展的客观规律去办事,就像在亮红灯的时候横闯斑马线,后果不堪设想。

得心应手

释义

心里怎么想,手就能怎么做。比喻技艺纯熟,心手相应。也形容做事情非常顺利。

故事

很久以前,有个制作车轮的能手叫扁,所以人们称他为轮扁。

有一次,桓公正在堂上读书,轮扁在堂下砍制车轮。轮扁看见桓公读得津津有味,想了想,便放下手里的锥子和凿子,走向前去,问桓公说:"请问,公所读的是什么书?"

桓公说:"圣人的书。"

轮扁问道:"圣人还活在世上吗?"

桓公说:"已经去世了。"

轮扁摇了摇头,遗憾地叹息说:"那么,你所读的书,大概是古人的糟粕了。"

桓公听了很不高兴,便责备他说:"寡人在这儿读书,你这造轮之人怎么敢口出狂言,随便议论!你要对刚才的话负责,如果讲得出道理就算了,否则,我决不饶你,非杀了你不可!"

轮扁毫不惧怕,冷静地说:"请您息怒!先听我说。我虽然是个下贱的造轮者,但是造轮也有造轮的道理。我根据多年的经验发现,如果慢慢地凿磨,轮孔就滑而且松,虽然车轴容易进去,但不牢固;如果快快地凿锉,轮孔就涩而且紧,车轴就难以进去;只有不紧不慢地用心制作,心里怎么想,

手下便怎样做，做出来的轮子才能刚好合适。但是，这种功夫只可意会，不可言传，全凭个人的体会。这里包含着深奥的道理和精熟的技艺。我只能讲到这个程度，具体怎么做，我也说不出来，所以我既不能传授给我的儿子，我的儿子也不能继承我的手艺。我已经70岁的人了，还在造轮，不是我想干，是没人接替我呀！将来我死后，也不会有人懂得我造轮的奥妙。古代圣人深奥的哲理，大概也是说不出口的，伴随着他们的死亡而永远消逝了，所以，您所读的，不就是圣人的糟粕了。"

桓公听他说完，也陷入了深深的思考之中。

赏析

很多技艺都是在千锤百炼的历练之中得到的，我们没法急于求成或者奢望能够走捷径获得。能够一夜拾得宝书，成就一世绝学，那只能在虚构的影视作品中看到。宝剑要不断地在磨刀石上打磨才能够得到锋利的刀刃，即使天长日久也能够无往不利。

我们在学习中，既不能完全依赖书本，也不能完全依赖老师的传授。我们应该积极地投入实践，在一次次地训练中，真正领悟所学的知识，并且学以致用。这样我们才能够真正掌握那些经过岁月洗涤后的知识精华，才能够开创出属于自己的一片新天地。

得鱼忘筌

释义

捕到了鱼,就忘掉了捕鱼的工具。比喻达到了目的,就忘了赖以成功的条件。筌:捕鱼用的竹器。

故事

有一次,庄子和他的朋友惠子在树阴下畅谈着。聊了一会儿,惠子对庄子说:"你的话太空虚,不切合世俗之心,所以没有什么用处。"庄子说:"你知道无用才可以同你谈有用呢。大地并非不宽广,但人们所用的只是脚下所踩的一块罢了。如果把立足之外的地方都挖成深渊,那这脚下的一块地还有用吗?"接着,他对惠子讲了一大堆道理,还讲了一个故事:

在演门那个地方,有一个人的父母死了,他哀伤过度,以致把自己的容貌都毁得不成样子。宋君为了嘉奖他的至孝行为,给他加封爵位为官师。乡里人听说孝顺可以升官发财,于是竞相效法,心不由衷地毁坏自己的形体和容貌,结果有一半人把自己折腾死了。尧帝听说许由贤德,想把自己的帝位让给他,而许由却逃跑了;商汤打算把君位让给务光,而务光却为此大怒;纪他听说了这件事,害怕帝位落到自己的身上,率领弟子们躲避到窾(kuǎn)水,诸侯们担心他投河而死,经常前去慰问。谁想到,三年以后,另一个隐者申徒狄因为仰慕他们的名节,干脆奔赴长河,自溺而死。

最后,庄子对惠子说:"使用竹笼的目的在于捕鱼,有的人捕到了鱼,

就把竹笼忘记了；捕兔器是用来捕兔的，有的人捕到了兔，就把捕兔器忘记了；语言是用来表达意义的，掌握了意义，就要把语言忘掉。我如何找到忘言之人而与他交谈呢！"

赏析

我们有时候为了得到"井水"，奋力去挖掘，但是迟迟无果。当我们找到一个好的水源，稍稍用力，水便如泉涌，瞬间就冒了出来。所谓饮水当思源，可遗憾的是很多人在喝到甘甜的井水的时候，只注意到眼前的利益。其实，不懂得饮水思源，源头迟早会在我们的不珍惜中干涸。因为我们没有好好关心它，保护它。就像我们有朝一日功成名就了，却忘记了师长的谆谆教诲，忘记了父母的养育之恩，忘记了身处困境时朋友的相助，如果这样，即使我们拥有再多的功名也会被世人所唾弃。

东施效颦

释义

比喻模仿别人，不但模仿不好，反而出丑。用来嘲讽不顾客观条件一味模仿，以致效果很坏。

故事

传说春秋时越国有个绝色的美女名叫西施,她生在山清水秀的苧萝山下浣江边。也许是青山绿水的灵气孕育了她,这西施出落得如花似玉:不高不矮的个头,不胖不瘦的身材;肤如凝脂比七月里的香藕还嫩,唇如涂胭比三月里的桃还艳。尤其是那双又黑又亮、黑珍珠般的眼睛,顾盼生辉,仿佛会说话。西施不光人长得美,品行也很好,既勤劳又善良,识大体顾大局。

据说,当年越国被吴国打败后越王勾践被抓到吴王宫里给吴王当差。为了复兴自己的国家,西施自愿来到吴王身边,以自己的美貌迷住了吴王,使他整天沉湎于饮酒作乐之中,不再过问国家大事。后来越国终于打败了吴国,雪了耻,报了仇。

在西施还没有到吴王宫里之前,家乡的父老乡亲们就很喜欢她。每当她在街上走,人们都要放下手里正在干的活儿欣赏她:锄地的拄着锄头站着;挑担的扶着扁担站着;姑娘媳妇儿手捏着缝衣针忘了往衣料里扎,羡慕地望着她;老奶奶老爷爷看见她都要啧啧称赞一声:真美啊! 一次,西施的心口痛的毛病犯了,她用手按住胸口,紧皱着眉头,慢慢往家走。人们见了,都说西施皱眉的样子也很好看。

离西施家不远,有个长得很丑的姑娘名叫东施。这东施长得又胖又矮,皮肤又黑又粗,暴牙凸眼塌鼻梁。可她却一天到晚涂胭抹粉、扭扭捏捏,加上人又懒,嘴又馋,乡亲们都很讨厌她。东施见大家总夸西施长得美,很羡慕,就想学西施样子。当她看见西施捂着胸口,皱着眉头,从街上走过,她也做出眉头紧皱的痛苦表情,以为这样就美了。谁知,大家看到她那矫揉造作的丑样,更加厌恶她了。

赏析

　　每个人都有自己的美丽。东施一味地想模仿别人的美丽,自然会贻笑大方,因为那些美丽本不是属于她的。其实,不管是谁都有美的一面,东施也不例外。只是因为我们总是在羡慕别人的美,从而忽略了自己的美。美的东西不一定表现在外表,也可能是美丽的心灵,卓越的才华……这些美都不会随着容颜的衰老而逝去,只会因为岁月的沉淀而越发醇香。不要去羡慕别人,处处模仿别人,找到属于自己的美,把我们身上的美自信地展示出来,我们就是夜空中最亮的那颗星。

分庭抗礼

释义

原指古代宾主相见,分站在庭院东西两边,相对行礼,以示平等相待。现比喻双方地位和势力相当,可以相互抗衡。

故事

春秋时,孔子带着他的学生们奔波于各国之间,宣传他的政治主张。有一天,他们路过一片树林,就坐下来休息。孔子取出琴,弹了起来。这时,林边的小河旁驶过来一条船,一个白眉白发的老渔父从船上走了下来,凝神地听着孔子弹琴。一曲终了,他招手把子路、子贡喊了过去,问道:"这位弹琴人是谁呀?"

子路答道:"我们的老师,鲁国的君子孔子呀!"子贡接着补充说:"他就是信守忠信,身行仁义,上以忠于世主,下以化于黎民,当今闻名于各国的孔子啊!"

"哦,是这样!"渔父微微一笑,边走边说,"说他是仁吗?还算是仁,不过恐怕难以避免自身的祸害了。他内心愁苦,形体劳累,因此就要危害他的真性了!"说完,就转身朝河岸走去。

子贡把渔父的话告诉了孔子,孔子一听,猛然站起身,惊喜地说:"这是位圣人呀,快去追他!"说着起身前去寻找。

孔子赶到河边,渔父正要划船离岸。孔子恭敬地对他拜了又拜,说:"我如今已经69岁了,还没听过高深的教导,刚才听您的讲话,猜想您一定是位隐居的圣贤,愿听您的指教。"

渔父也不谦让，不慌不忙地讲了一番道理，孔子听得直点头，态度越加恭敬，直到渔父讲完了，划着船走出老远，孔子才回到休息的地方。

子路看到老师这出乎寻常的表现很不理解，问道："我跟着您已经很长时间了，从来没有见过老师对人如此敬畏。就是天子、诸侯、大夫同您见面，也都是以平等的礼节相待，而老师您还面有倨傲之色。可今天那个渔父撑着船篙，漫不经心地站着，您却弯腰弓背，先拜后说话，太过分了吧？我们都感到很奇怪，对渔父说话为什么这样恭敬呢？"

孔子叹了口气道："子路，你真是难以教化呀，你那个鄙拙之心至今未改！你过来，我讲给你听：遇到年纪大的人不敬是失礼，遇到贤人不尊是不仁，不仁不爱是造祸的根源。今天这位渔父，是一位懂得大道理的贤人，我怎么能够不敬他呢？"

赏析

不少人都以高高在上的目光去看待他人，而还有些人总是以卑微的姿态去仰视他人。这两者是两个极端，都是不可取的。人一生下来，其实都是一张白纸，并没有贵贱的差别。但是因为岁月的流逝，人们的年纪慢慢增长，这样白纸上有了各种各样的色彩，才会凸显出各自的不同。

我们不要去埋怨世界的不公平，因为世上本没有绝对的公平和完美；我们也没有必要因为各自身份的不同去一较高低，我们应保护好各自的尊严，扮演好我们在这个社会中的角色。

扶摇直上

释义

乘着旋风一直飞上高空。比喻职位、价格等急速上升。扶摇：旋风。

故事

在荒凉的北方，有个地方叫"不毛之地"，那儿有一片天然形成的大海，名叫冥海。这海里生活着一种大鱼，名叫鲲。这鲲是个庞然大物，它的背有几千里宽，至于它到底有多长，就没有人弄得清楚了。鲲久居冥海，感到厌倦了，很想到遥远的南方去看看。可是冥海不与南海相通，它无法游过去。

于是，鲲就每天练习跃出水面，同时像鸟扇动翅膀那样拼命摇动背鳍和腹鳍。久而久之，大鱼慢慢地变成了一种名叫鹏的大鸟。这鹏也是巨大无比，它站立在那儿，就像是高耸入云的泰山；它那巨大的双翅，张开来就像是垂挂在天边的云彩。大鹏试着扇动双翅，大地上立刻刮起了阵阵狂风。大鹏的翅膀越扇越有力，越扇越快，天地间顿时飞沙走石，天昏地暗。一股强劲的旋风拔地而起，像羊角一样旋转着直冲蓝天，大鹏就凭借着这股强劲的旋风，直冲云霄，飞上九万里高空，像一片巨大的云彩般往南飘去。

赏析

"燕雀安知鸿鹄之志哉"，有志向的人，为了自己的目标而不断努力进取，追寻着自己理想的人生。没有远大志向的人，只会在自己的小天地里

得过且过,毫不担心这样的堕落会给自己带来怎样的后果。

为自己定下一个目标吧,只要我们朝着目的地的方向一直奔跑,我们就会一步一步地缩短和成功之间的距离。如同登山,不管山有多高,只要我们肯一步一步地攀登,始终不放弃,终究会爬上山顶。

腐鼠滋味

释义

比喻毫无价值的东西。

故事

战国时,有一个人叫惠子,他当上了梁国的国相。

有一天,大学问家庄子准备去拜见惠子。有人以小人之心,度君子之腹,对惠子说:"庄子这次来,是想将你取而代之,想做梁相呢。"于是,惠子十分恐慌,在国中搜查了三天三夜,想捉拿庄子。

庄子听说后,自己上门去见惠子。他不慌不忙地对惠子说:"你知道吗? 南方有一种鸟,名叫鹓鶵(yuān chú 传说中凤凰一类的鸟)。它从南海起飞,飞往北海。在路上它遇不到梧桐树,就不肯宿息;除了竹子的果实,它什么也不吃;它要是渴了,只喝甘泉的水。有一次,它从一只猫头鹰旁飞过,这只猫头鹰得到了一只腐烂的老鼠,正津津有味地吃着。它

看见鹓鸰飞过，惊慌地护住腐鼠，还仰起头对鹓鸰怒斥道：'喂！快走开！千万不要来夺我的食物。'鹓鸰根本不理睬那只猫头鹰和它那肮脏的死鼠，只昂然地向远处飞去。"

讲完这个故事以后，庄子慢条斯理地说："请问惠子先生，你是不是也像那只猫头鹰一样，以为我要来抢你的梁国相位？请放心，这在我的心中，无非就像那只烂老鼠一样，我是看不上的。"说完，庄子大步流星地走了。

赏析

我们总是很在意眼前所得到的东西，害怕哪一天会突然失去它们，于是变得患得患失。其实，很多东西在我们眼里是珍贵的，但是可能在别人眼里并不重要。我们可以有防人之心，但是没有必要为了维护自己在意的一些事物，就失去了理智，失去了人生前进的方向。对于我们所拥有的一切，珍惜就好。

佝偻承蜩

比喻做事全神贯注,才能成功。

故事

有一天,孔子带着几名弟子到楚国去,经过一片树林时,看见一位佝偻(gōu lóu,脊背弯曲)老人正在用竹竿粘蜩(tiáo,蝉)。老人每次将竹竿伸上去,必然粘住一只蜩下来,那熟练程度,好像不是用竹竿粘,而是用手去拾取。

几名弟子看了,都觉得很惊奇,忍不住悄悄议论着:"这位老丈真聪明!竹竿上不知装的是什么东西,黏性这么强!""光黏性强有什么用,这蜩是活物,竹竿触碰它难道会没知觉?连飞走都来不及,可见老丈的功夫!"孔子说道,他觉得这位老人很不简单。他等老人又粘下一只蜩,便上前施礼,问道:"老人家,您粘蜩的技巧如此纯熟,是用什么方法得来的呢?"

老人听见有人说话,这才回过头来,朝孔子和他的弟子礼貌地笑了笑,回答说:"是有方法的。为此,我苦练了五六个月。最初,我在竹竿顶上叠上两个小圆球,等练到小圆球不会掉下来时,我用竹竿粘蜩就较少落空了。后来,又在竹竿顶上叠上三个小圆球,等练到小圆球不会掉下时,粘蜩十次,大概只落空一次。等练到叠上五个小圆球而掉不下来时,粘蜩就好像用手捡一样。而且,粘蜩的时候,我的身体就像树墩那样一动也不动,我伸臂执竿,就像枯树枝那样静止。虽然天地广阔,万物众多,而我的注意力只集中在蜩的翅膀上面,世间任何东西都不能改变我对蜩翅膀的

关注。这样，还有什么办不到呢？"

孔子听了连连点头称赞。

赏析

在同一个教室里，听着同一个老师讲课，做同样的习题，为什么有些人能轻松地解答，而有些人却绞尽脑汁也想不出来答案呢？关键在于，有些同学上课会全神贯注地听，跟着老师的思路去思考；而有些人却容易思想开小差，眼睛虽然盯着黑板，心思可能早已在操场上了。这就是为什么花同样的时间做同样的事情，得到的结果却不同。驼背老人的体质没有办法和一般人相比，但是他在捕蝉这件事情上却远远超过了一般人的水平，主要原因就是他的精神专一和刻苦练习。所以，我们对待学习应该投入百分之百的精力，做到全神贯注，这样才能真正地学到知识，为将来出色地完成各种工作奠定坚实的基础。

姑射(yè)仙子

释义

旧指传说中住在藐姑射山上的仙人，后用以形容肌肤白皙的美女。

故事

　　一天,古代的怀道之人肩吾向连叔请教说:"我从接舆那里听到的言论,尽是大话连篇而不着边际,侃侃而谈而离题万里。我惊骇他的话,像天上的银河那样没有边际,与一般人的言论相差很远,到了不近人情的地步。"

　　连叔便问:"他都讲了些什么?"

　　肩吾说:"他说:'藐姑射山上,住着一个神人,皮肤像冰雪那样洁白,体态像少女那样柔美;不食五谷杂粮,只吸风饮露;乘云气,驾飞龙,遨游于四海之外;他的精神凝聚专一,能使万物不遭病害,年年五谷丰登。'我听了这番话,认为纯属谎言,不值得相信。"

　　连叔说:"是啊!瞎子是无法观看花纹的华丽的,聋子是无法听到钟鼓的乐声的。难道只有形体上有聋瞎吗?人的思想也有啊!上面的话,也是针对你而言。那个神人,他的品德,将混同万物为一体,世人却期望他治理天下,但是谁愿意劳劳碌碌去管世间的俗事呢!此种神人,外物无法伤害他;洪水滔天也不能淹没他;酷暑大旱使金石熔化、土山枯焦,也不能使他感到炽热。他留下的尘垢和糟粕,就能陶铸成尧、舜那样的伟人。他怎么肯把世间杂物当回事呢!"

赏析

　　人们习惯于用自己的眼睛和耳朵去判断事物的真假美丑。但是,真正的真假美丑除了要用眼睛和耳朵感知以外,还要用心去感知。那些伪善的、真实的、美丽的、丑陋的,有时也许是受到了其他因素的影响无法以真面目示人,如果你没有用心感知,看到的或者听到的就是不准确的,甚至是错误的。千万不要让我们的心志被尘世的迷幻所蒙蔽而看不清人生正确的方向。

鼓盆而歌

释义

以鼓盆而歌表示对生死的豁达态度。也表示丧妻的悲哀。

故事

庄子晚年时，他的老妻去世了，刚开始，他十分悲伤，心情很不好。过了些日子，他渐渐地冷静下来。他从道家的角度看，认识到一个人的生与死是很平常的，既然有新的生命降生，那么必然就会有死亡，用不着太过悲伤。于是，他两脚盘起，屈膝坐在地上，一面敲着瓦盆，一面哼着赞美妻子的歌。

正在这时，他的老朋友惠子闻讯前来吊唁，他看到庄子毫无半点悲伤的样子，责怪他说："老朋友，你妻子和你共同生活了几十年，为你生儿育女，操劳一生。现在她死了，你不伤心痛哭也就罢了，竟这样敲着瓦盆歌唱，这样做是不是太过分了呢？"

庄子听了，摇头说："老朋友，你说得不对！老妻刚死的时候，我确实很伤心。但仔细想想，人，原来是没有生命的，不但没有生命，而且没有形质，不但没有形质，而且没有元气。大自然在恍惚变化之间，凝生了阴阳二气，阴阳二气交合，才有了形质，有了形质，才生下了人，有了生命。现在，又从有生命变成没有生命，也就是从生又变成了死。这样生死往来，就好像春夏秋冬不停地流转一样。这就是命运。现在，我的老妻从生到了死，沉睡到天地之间。我如果号啕痛哭，那岂不是违反天意吗？所以我停止了哭泣，鼓盆而歌了。"

惠子听了,觉得庄子讲得也有道理,便告辞而去了。

赏析

　　人生漫漫,固有一死。任何人都改变不了这样的自然规律,所以在看待死亡这件事上,我们要有一种平和的心态。悲伤只是一种感情的寄托,一种情绪的表现方式,但是不能左右事实,也不能改变现状,所以,在一定感情流露的基础上,我们更需要用一种顺应自然的心态来对待死亡。对待我们的生活亦要如此,生活中免不了遇到一些不顺心或不如意的事情,如果我们终日沉浸在愁闷之中,不仅于事无补,而且会影响我们前进的步伐。这时需要我们调整好自己的心态,轻装上路,才会帮助我们渡过难关。

海纳百川

释义

大海容得下成百上千条江河之水。比喻包容的东西广泛，数量巨大。

故事

一年秋天，洪水暴涨，河神看到自己这么波澜壮阔的样子，很是洋洋自得。但当他看见北海之上水天一色，不见尽头之后，才为自己的得意忘形感到羞愧。

北海之神看见了河神惭愧的样子，就对他说："你这样自责，实在是不必要。虽然骄傲确实是坏毛病，但是现在你离开狭窄的河床，看到了大海，感觉到自己的渺小与无知，这就是很大的进步。天下的水面，没有比海更大的，千万条河流无休止地归入大海，海却始终不会满溢；海水又不停地蒸发，却丝毫不见减少；不论春秋季节的交替，大海不会有所变化；不论水灾旱灾的降临，大海不会受到影响。北海的水是远远超过了江河，可是与浩瀚的天比起来，我也不过如石子一样渺小。四海在天地之间，不就像无边原野上的蚂蚁洞吗？中国在四海之内，不就像米在仓里一样吗？物的种类千千万万，人类只是其中之一。人生活在九州之内，凡是粮食所生长的地方，舟车所通行的地方，都有人类，而个人只是其中的一分子。这样说来，与万物相比，一个人不就像一根毫毛长在马身上那样微不足道吗？"

听完北海之神的一番话，河神陷入了沉思之中。

赏析

海纳百川,有容乃大;壁立千仞,无欲则刚。越是无知的人越觉得自己学有所成而卖弄文采,而那些真正有才干的人却谦逊如大海一般,不断地在学习,不断地在增长见识。

真正能够成就大事的人不会藐视别人的微小,不会忽略别人的长处。在任何时候,那种谦逊的作风,终身学习的态度都会让他受益匪浅。相反,那些略有收获就得意忘形、沾沾自喜的人,永远不会有大的进步。

害群之马

释义

危害马群的劣马。比喻危害集体的人。

故事

黄帝是我国上古时的一个部落首领。他从小就很聪明,长大后,就被推举当了部落首领。

当时,作为部落联盟首领的神农氏已经衰老,各部落之间的争夺又变得激烈起来,南方的炎帝部落趁机侵犯中原。为了平息内乱,抵御侵略,黄帝一面发展生产,一面训练军队。其他部落的首领见黄帝非常圣明,也

都纷纷归附。黄帝的力量强大了,就带领各部落的军队和炎帝部落在阪泉（今河北省涿鹿县东南）摆开了战场。经过3次交锋,终于打败了炎帝。后来,炎帝的后裔蚩尤又起兵作乱,黄帝又亲自带兵在涿鹿打败并杀死了蚩尤。从此平定了天下,黄帝被推举为部落联盟首领。

黄帝当了联盟首领后,时常要外出巡察。一次,他到具茨山（今河南省境内）会见一个叫大隗的人,走到襄城（今河南省襄城县一带）时,他迷了路,恰巧看见一个放马的男孩,黄帝就问道:"小孩,你知道具茨山在哪儿吗？"男孩答道:"知道。"黄帝又问:"你知道大隗住在哪儿吗？"男孩回答:"知道。"黄帝听了很高兴,夸奖道:"小孩,你真不简单,不但知道具茨山,还知道大隗的住处。那么我再问你,你可知道怎样治理天下吗？"男孩一点儿也没有被问住,仍不紧不慢地说:"治理天下有什么难的,难道与放马有什么不同的地方吗？只不过是驱除害群之马罢了！"

黄帝对牧童的回答非常满意,称牧童为"天师",恭敬地向牧童拜了几拜,然后离开了。

赏析

马有优劣,人有善恶。一个优秀的成员可以帮助一个团队向正确的方向迈进,而一个拙劣的成员,则可能导致一个团队的挫败。因此,无论是马群还是人群,都需要一些优秀的成员发挥积极的作用。不论是在校园还是在社会中,我们都要努力成为优秀的一员,为集体贡献自己的力量,切忌不能成为害群之马,损害集体的利益。

邯郸学步

释义

到邯郸去学走路的步法。后用来比喻盲目地模仿别人不成，反而把自己原有的本领也忘掉了。

故事

战国时，燕国的寿陵有个少年，他很不满意自己的走路姿势，当他听说赵国邯郸的人走路姿势特别优美，便决定去邯郸学习走路。他备足了干粮，跋山涉水，步行了好几天，终于来到了邯郸。

每天一大早，这个寿陵少年就站在邯郸繁华的街头看人走路。但邯郸人走路虽好看，却也各有各的样：小孩子蹦蹦跳跳，大姑娘轻盈飘逸，小伙子矫健，老大爷稳重。即使同样是少年，走路的姿势也不尽相同：富家子弟昂首阔步，白面书生斯文持重，店里的小伙计急急匆匆。寿陵少年一会儿观察这个人的走路姿势，跟在后面学几步，一会儿又琢磨那个人的走路特点，跟在后面学几步，可学来学去，总是学不好。

寿陵少年急了，干脆丢掉原来的步法，从头学习走路。从此，他每走一步都很吃力，既要想着手脚如何摆动，又要想着腰腿如何配合，还得想着每一步的距离……

他一连学了几个月，不但没有学会邯郸人的步法，而且把自己原来的步法也忘掉了，人们说他"邯郸学步，越学越差劲"。而他的钱也已经花光，不得不返回寿陵。可是他已经不会走路了，只好爬了回去。

赏析

一个人要想学到真正为自己所用的知识，就必须专心致志地学习知识最本质的东西。如果三天打鱼，两天晒网，自然什么也学不会，即使学到了皮毛，也可能因此改变了自己原本正确的认知。邯郸学步就是这样的例子！

同时，我们学习知识要遵循循序渐进的原则，一步一个脚印，脚踏实地地去学。有的人希望自己很快成为语言大师，恨不得将世界上所有的语言都学会，于是，今天学英语，明天学法语，后天又学德语，结果一路学习下来不仅几国的语言混淆不清，甚至连我们的母语都给忘了，真是得不偿失，可怜又可笑！

濠上之乐

释义

指悠闲舒适的情趣。

故事

一天，庄子和惠子携手来到濠水的桥上。此时正是桃红柳绿的春天，暖风轻拂，莺歌燕语，春意盎然。桥下碧波荡漾，清澈见底，一条条银白色

的鲦（shū）鱼紧贴着水中的石底，从容自在地游来游去。当庄子和惠子的影子倒映在水中，鲦鱼似乎也视而不见。

庄子不禁感叹道："啊，它们是多么的快乐，你看鲦鱼游来游去的样子！"惠子一听，连忙抓住话头说："你不是鱼，怎么知道鱼的快乐呢？"庄子一听，仰头哈哈大笑，说："好，你说得好！但你不是我，怎么知道我不了解鱼的快乐呢？"惠子冷冷地笑着说："我不是你，所以不知道你心里的感受；但你不是鱼，你又怎么知道鱼的感受呢？"庄子转过身，望着惠子，说："这就不对了！你最初不是问我'怎么知道鱼的快乐呢'吗？既然询问我，就说明我是知道的。否则，你为什么这样问呢？"

惠子听完忍不住笑了起来，两人都沉醉在迷人的景色里。

赏析

身处压力重重的社会，面对紧张繁重的学业，想必我们每个人都希望拥有鱼儿那种悠闲舒适的情趣。其实，快乐并非简单的存在于我们的生活之中，也并非仅仅局限在玩乐和嬉戏的时候。快乐是一种心境，它存在于我们每个人的心中，只要我们愿意享受它，它就能帮助我们渡过难关，克服压力，体会到生活的美好。

涸辙之鲋

释义

指在干涸了的车辙沟里的鲫鱼。比喻处于极度窘困境地，急待救援的人。

故事

庄子家里贫穷，常常缺衣少食。有一天，粮食又吃完了，老婆和孩子都很着急。庄子没有办法，只好到监河侯那里去借粮食。

没想到监河侯对庄子说："好吧，但是请你等等，等我把租税收上来以后，就借给你三百金，可以吧！"

庄子沉默了片刻，说："是吗？我来你家的时候，听到大路上有呼救声，我低头一看，发现车辙沟之中有一条鲫鱼，已经奄奄一息了。我见它可怜，就问道：'鲫鱼啊，鲫鱼，你要我帮什么呢？'鲫鱼说：'我是东海中的波浪小臣，平常生活在水里，现在你能不能赐给我一些水，哪怕是一斗一升也行，那样才能延续我的生命。'我说：'好吧。现在，我正好要到南方去，等我见到吴王和越王的时候，请他们疏导西江的大水来迎接你，行吗？'鲫鱼一听，生气地说：'好啊，你不是成心要我的命吗？我离开了平常生存的环境，现在不能行动，也没有地方可去，才请你给我一斗一升的水，大概还能勉强活上几天，按你所说的那样，还不如趁早到鱼市上去找我！'"

监河侯听他说完，非常羞愧，自觉很没道理。

赏析

雪中送炭，助人为乐，这是一种美德。当别人遇到困难的时候，我们应该及时出手相救，而不是借故推脱。换一个角度思考，当我们跌倒的时候，会希望有人过来搀扶；当我们遇到难题的时候，会希望得到同学和老师的指点；当我们遭遇紧急事件的时候，会希望他人能出手相助。所以，让我们做一个乐于助人的人，这是同学间的友谊，更是高尚的人格魅力！

鹤长凫短

释义

比喻事物各有特点。

故事

仙鹤称得上十分美丽，它有雪白的羽毛，修长的双腿，优雅的体态。然而，在仙鹤心中，竟也有它的烦恼。它的烦恼不是别的，就是它那一双细长的腿，因为它的腿太长太细了，它不但成了别的鸟儿嘲笑的对象，而且还常常为此受到其他鸟类的攻击。

有一天，仙鹤孤零零地站在水中，望着自己一双细长的腿发愁，正在这时，一只鸭子游了过来。身材肥肥短短的鸭子听了仙鹤的抱怨，也难过

起来,它的腿倒是短,但总是听到这样的评论:"瞧！那么笨重的身子,却只有这么短的腿,真丢人！"

于是,它们两个互相倾诉,最后伤心落泪,抱头痛哭起来。突然,仙鹤停止了哭泣,看看自己的长腿,又看看鸭子的短腿,心里有了主意:"哎呀呀,鸭子妹妹,您愁短,我愁长,何不取长补短,用我的长腿来补你的短腿？"

它俩都为这个主意兴奋起来,说干就干,仙鹤打断自己的长腿,取下一截接到鸭子的短腿上,费了九牛二虎之力,终于接好了。它们兴高采烈,正准备站起来,这才发现谁都站不起来了,原来它们的愚蠢做法,导致它们谁都不能正常站立行走了。

赏析

所谓尺有所短,寸有所长。世上的人和事物不可能是十全十美的,我们在欣赏自己优点的同时也要包容自己的缺点。当然在团结合作的过程中,大家可以取长补短,扬长避短,但不能破坏了事物的本来性质。如果这样,就等于在仙鹤的腿和鸭子的腿之间"动手术",一番折腾之后谁都无法正常行走。其实,我们完全没有必要总是为自己某一方面的缺点感到自卑。我们要学会认识自己的优点,并把自己的优点在别人眼里无限放大,建立起自信,从而昂首挺胸大步向前。

后者而鞭

释义

原意指鞭子打落在最后那只羊身上。比喻改进做得不够的地方。

故事

从前,有个叫祝肾的人,懂得修养的大道理。周威公就找到祝肾的学生田开之,问他说:"我听说祝肾懂得修养的方法,您跟祝肾学习,知道这是种什么方法吗?"

田开之回答道:"我在先生那里只听说过一句话,就是善于修养的人,就好像在放羊。看见哪只羊落在了后边,就拿鞭子赶它一下。"

周威公很疑惑地问:"这是什么意思,我不明白。"

田开之说:"这是说,人有哪些方面缺点,就要在哪些方面下工夫。鲁国有一个人,名叫单(shàn)豹,住在山洞里,喝着泉水,不与百姓争夺利益,活到70岁还身体很好,不幸的是他遇到老虎,被老虎吃掉了。又有一位叫做张毅的人,不管高门富户还是柴门小户,没有他不去的地方,他很有社交能力,很会结交权贵,可40岁的时候就得病死了。这两个人,一个很注意修养身体内在的健康,但不注意外在的环境,结果被老虎吃了。一个是注意磨炼外在的能力,结果身体内在的健康不好,最后病死了。人生的修养,除了注意身体、顺从自然,还要注意弥补自己的不足。每一个人都有自己的优势,也都有自己的劣势。如果只注意发挥自己的优势,而忽略了自己的劣势,那就很容易因为自己的不足而吃亏。所以要在不足之处下工夫,将其弥补起来。这就好像牧羊一样,看到哪只羊落在后边,便

挥鞭催它前进。"

赏析

所有的人都是在不断犯错、不断弥补缺点的过程中成长和进步的。对于我们每一个人而言,后者而鞭,是让自己成长的最好方法。有些人善于反省,每天都会将自己说过的话和做过的事,以及遇到的难题进行思考和总结。这就是一个发现自己的缺点、改进做事方法的重要途径。在日常的学习和生活中,我们都需要学会反省,通过反省发现自己的不足,改进做事的方法,提高办事效率,让自己尽快成长起来。

虎口余生

释义

比喻逃脱极其危险的境地而侥幸保全性命。

故事

春秋战国时期,我国北方发生过一次起义,起义军的首领叫"跖(zhí)",他被人看做是强盗,因此,很多人称他为"盗跖"。

盗跖是柳下惠的弟弟,而柳下惠是孔子的朋友。一次孔子对柳下惠

说："你是当今世上的才子,可你的弟弟却是强盗,你该劝劝他才对。"柳下惠叹气道："先生哪里知道,我那个弟弟是什么人的话都听不进的。"孔子道："我去劝劝他,怎么样?"柳下惠连忙拦住："千万不可!他一定会用言语污辱你的。"但孔子执意要去。

孔子去见盗跖,果然讨了个没趣。盗跖开门见山地对孔子说："你孔丘所谈论之事,都是我吐弃的糟粕。你赶快离开而去,不要再唠叨了!你的主张都是失性损德、奸诈虚伪的,并不能保全自然本性,有什么值得谈论的呢?"

孔子回到鲁国都城的东门外,恰巧遇见柳下惠。柳下惠说："数日没有相见了,看你的车马好像是外出刚回的样子,是不是去见盗跖了?"孔子仰天而感叹说："是的。"柳下惠说："像我先前所说的那样,盗跖违背你的心意了吧?"孔子无奈地说："是的,我这是无病而引艾火自灼。这好比我去摆弄虎头,梳理虎须,差点儿被老虎吃掉啊!"

赏析

坚持自己的信仰,尽力去做自己想做的事,这是所有人心中的美好愿望。坚持自己的信仰是对的,但是把自己的想法强加于别人身上就可能"引火烧身"。

孔子坚持以儒道治天下,以仁义治天下。但他的思想不是所有人都能够接受,所以,在传播自己的主张的时候就遇到了盗跖这样的人的反驳。其实,遇到这样的情况也是很正常的,因为每个人都有自己的观点,每个人都有选择自己人生道路的权利。我们要做的就是,不管他人如何抉择,我们走好自己的每一步。

瓠(hù)何所忧

释义

比喻考虑不周全，引起不必要的担忧。

故事

有一天，庄子去看望同乡好友惠子，一进门就看到满院的葫芦碎片，便问惠子怎么回事。惠子说："魏王送给我一粒葫芦种子，没想到种下去后所结的葫芦太大了，果实足足有五石(dàn)。用它来存水吧，皮又太脆，不能承受重量；剖开当瓢用吧，又太大了，水缸都搁不下。它大到了无所适用的地步，留着碍事，所以我就把它砸碎了。"

庄子听后，十分惋惜地对惠子说："老友啊，天下没有无用的东西，只有不会用的人！我给你说个故事：从前有个宋国人，他发明了一种冬天能防止皮肤龟裂的冻伤药，而家里却以漂洗丝絮为业。当时，吴国与越国正在进行水战，有人听说他有这样的秘方，就用百金买了这秘方献给吴王，吴国的军队就用这种秘方制成的药涂在手上，防止了冻裂。而越国将士却被冻得个个皮裂指肿，连兵器都拿不住，被吴军打得大败而逃，最后只好向吴国献地求降。吴王因而重赏了那个献药的人。同样一个药方，在一些人手里，就能得到土地和富贵；在另一些人手里，却仍然免不了漂洗丝絮的命运，这就是一样东西用处不同的结果。这五石之大的葫芦，它本可制成能在大江大湖中浮游的救生圈，而你却以为它无用而砸碎。看来，先生的心如同蓬草一样茅塞不通啊！"

赏析

一个葫芦,本有其最可靠的用途,却被人无情地砸碎,多么可惜!任何事物都有它不可估量的价值,只是世界上缺少能够发现这些价值的眼睛。所以,很多本来非常有用的东西一旦到了庸才手里就成了毫无价值可言的废物,被埋没于杂质当中,这无疑令人扼腕叹息。我们要拥有一双善于发现的眼睛,找到不同事物的真正价值所在,让它们的亮点得以充分利用,为社会创造更高价值。

华封三祝

释义

华:古地名。封:疆界,范围。三祝:祝寿、祝富、祝多男子,合称三祝。指华州人对上古贤者唐尧的三个美好祝愿。今以"华封三祝"作为祝颂之辞。

故事

一天,尧到华地观察巡视,华地一个看守边疆的人拜见尧说:"圣人啊!请让我为圣人祝福,祝愿圣人长寿。"尧回答说:"不必了。"

那个人又说:"祝愿圣人富有。"尧还是说:"不必了。"

那个人再说："祝愿圣人多生男孩。"尧仍然说道："不必了。"

看守边疆的人感到很诧异，就问道："长寿、富有、多生男孩，这是人们所共同追求的目标。而你却不想要，这是为什么呢？"

尧回答说："多生男孩就会多增加忧惧，富有就会多麻烦事，长寿就会多遭困辱。这三样东西，都不利于培养德性，所以我谢绝。"

看守边疆的人听完的这番话，说道："刚开始我还以为你是个圣人，现在看来只是一个君子而已。多生男孩，让他们担任职务，哪里有什么可忧惧的？富有了把财物分给众人，哪里有什么麻烦事？作为圣人，居无定所，来去无踪。如果千岁以后厌倦了俗世，就离开尘世成为神仙。身体永远不受灾祸，哪里来的困辱呢？"

说完，看守边疆的人就转身离开了。尧站在原地一番思考之后，也紧跟了上去。

赏析

很多事情都有其两面性，我们往往只看到了事物的一方面而忽略了另外一方面。遗憾的是，人们看到的往往还是消极的一面。因为这些消极的一面对事情的发展起着负面影响，所以人们会自然地放弃去做相应的努力，这样结果必然是挫败。事实上，看待事物关键在于我们的心态，不管是晴天或者是雨天，都是对庄稼有利的好天气。即使是断臂的维纳斯，大家也能看出其中的美来！

挥斥八极

形容人的气概非凡,能力巨大。挥斥:奔放。八极:八方,极远之处。

故事

一天,列子为伯昏无人表演射箭。只见列子把弓拉得满满的,还在肘臂上放了一杯水,这才开始发箭。第一支箭刚离弦,第二支箭就已经搭在弦上了,动作非常迅速,列子就这样一支箭接一支箭发射出去。除了换箭的手臂之外,列子的身躯岿然不动,就像木头人一样。

谁知,伯昏无人并没有夸奖列子的射箭技术,而是冷静地说道:"这只是有心射箭之射,并不是无心的不射之射。不如我们一起登上高山,脚踩危石,身临万丈深渊,那个时候你还能像这样射箭吗?"

说完,伯昏无人就登上了高山,并且踩在险峻的岩石之上,身临万丈深渊。他转过身,背对着万丈深渊,一步一步后退,直到有三分之二的脚已经悬空了才停下来。这时,他招呼列子到身前来。列子看到了眼前的景象,已经吓得伏在地上,大汗淋漓。

伯昏无人叹了叹气,说:"一个得道的人,上能窥视青天,下能潜入黄泉,气概奔放充溢八方,神气始终饱满。如今你恐惧成这样,再想射中目标恐怕很难了。"

赏析

人要掌握一门技艺不是一朝一夕的事情,需要长时间的磨炼。如果人要修炼身心,使得心性始终能够稳重专一,那是一件比练习技艺更为艰难的事情,因为我们总是难以摆脱心灵的束缚和影响。能够面对紧迫之事而面不改色,能够面对困境而无所畏惧,能够面对侵扰而心若止水,这样才是气概非凡,能够成大事的人。因此,我们需要不断修炼自己的心性,让自己能够成为真正的强者。

见卵求鸡

释义

看到鸡蛋，就迫切地希望蛋化为鸡，而来司晨报晓。比喻言之过早。

故事

古代有一位学者，名叫长梧子，他学问高深，许多人前来求学。长梧子教学非常有方法，循序渐进，遇到有学生不懂的地方就让学生自己去领悟。有一个学生名叫瞿鹊子，学习非常认真，凡是老师讲过的内容，他都反复钻研，希望很快就能弄懂。

有一次，长梧子给学生们讲课，瞿鹊子恭恭敬敬听讲，长梧子讲的每一句话，他都认真记下来。下课后，长梧子与学生们闲聊，随口讲了一番怎样做人的大道理。长梧子说，圣人心怀万物，虽涉事而不以为务，对利益和危害都能避开，虽身在尘嚣之间，而心却游离于尘垢之外。其他的学生都如坠云雾之中，只有瞿鹊子认真地把每句话都记在心上。

长梧子走后，瞿鹊子没有温习功课，而是反复揣摩老师刚才讲的一番话，只觉得似懂非懂，以为得到了高深的学问。

过了几天，瞿鹊子去向长梧子请教，对他说："先生，那天您讲的一席话，我现在句句背得。那些话虽然是您随便谈谈的，我却感到句句都高深莫测。我已经得到了高深的学问，请先生多给我讲一些更深奥的道理。"

长梧子觉得很可笑，于是坐下来，耐心地开导他。长梧子说："我讲的那几句话算什么学问呢？真正的学问是非常深奥高妙的，三两句话哪能说清呢？即使是三皇五帝和圣人们，也不一定人人讲得清楚。我又算什

么呢？不过是稍稍知道点而已。再说你也太心急了，刚刚见到一只鸡蛋，就想叫它变成公鸡为你啼鸣报晓；刚见到一粒石弹，还没有打鸟雀，就急着想吃烤雀肉。鸡蛋还没孵出小鸡，小鸡还不知道是公是母，怎么就想让它去啼鸣？石弹还不知能不能打下鸟雀，哪能想到吃雀肉呢？你只听到了几句话，就以为得到了学问，太操之过急了，还是脚踏实地刻苦学习去吧！"

瞿鹊子听后满面愧色，从此认真地从头学起。

赏析

涸泽而渔，焚林而猎，即使得到了你想要的结果，但一次性的满足可能会造成难以弥补的遗憾。做任何事都不能操之过急，因为事物的发展都有其特定的规律，拔苗助长或者故意延迟都没有任何益处。

学习知识同样也是这个道理，我们无法一蹴而就，在还没学会走的时候就想着跑而且要日行万里，岂不荒唐可笑？即使是天才和神童也需要一个漫长的学习过程。所以，做学问应该踏踏实实，来不得半点急功近利，刻苦钻研才能掌握真才实学。

匠石运斤

释义

原指木匠石抡斧砍掉郢人鼻尖上的白灰,而没有碰伤郢人的鼻子。后用以形容技艺精湛。石:人名。斤:斧子。

故事

战国时候,郢都(今湖北江陵)有个匠人,善于粉刷墙壁。他穿着大领子、大袖口的衣服,仰着头粉刷墙壁,领子、袖口不会弄脏。他有个做木匠的好友,名叫匠石。匠石善于运用斧头,一斧斫(zhuó)削下去,不差分毫。

一天,这个郢都匠人粉刷墙壁,一星点像苍蝇翅膀般微薄的白泥溅到了鼻尖上。他知道匠石手段高明,就叫匠石把自己鼻尖上的白泥斫去。于是,匠石挥起斧头,对着郢都匠人鼻尖上的白泥斫削过去。只听得呼呼一阵风声过后,郢都匠人鼻尖上的白泥已被斫削得无影无踪,而他的鼻子毫无损伤。叫人吃惊的是,这个郢都匠人从一开始就站在那里,泰然自若,面不改色。

后来,宋元君听说了这件事,把匠石召去,对他说:"试为我斫一下看看。"

匠石看了宋元君一眼,拒绝说:"我本来是能斫的,可是,敢于让我用利斧斫削的对象已经死去很久了。"

赏析

很多看似很难办到的事,其实我们也能办到,只是我们还没有熟练掌

握其中的技巧。粉刷匠敢于让匠石用大斧头把自己鼻头上的白泥削去，自己还能面不改色，那是因为他们都熟知对方的高超本领。

所以，不要觉得很多事只有别人才能做到，不要总是羡慕别人的光芒。其实，我们也有自己的优点，只是利剑还未得到很好的打磨，小鸟还未长出丰满的羽翼，只要稍加时日，刻苦努力，我们也可以成为光芒四射的利剑，展翅翱翔的雄鹰！

介推焚死

释义

比喻贤人爱惜名节，不肯轻易求取封赏。

故事

春秋时候，晋国有个人叫介子推，他曾跟从晋文公在国外流亡 19 年，历尽艰辛。晋文公回国以后，对跟从他流亡的人都封赏官职和田地，却偏偏忘记了介子推。

一天，晋文公举行宴会。大家饮到第三杯酒时，介子推当众朗诵了一首诗歌："有条天龙，勇武出众，到处流亡，无法安身。有条小蛇，紧紧跟从，周游天下，辅助天龙。龙入深渊，得到归宿，蛇脂流尽，未逢雨泽。"

介子推念完以后，对晋文公说："我说的是怎么一回事啊？"晋文公说："说的是你和我啊！这是我的过错。我要封赏你，等明天上朝吧。"

介子推回家以后，对家里人说："我听说君子之道，靠请求而得到的官职，贤德的人是不做的；靠硬争而得到的财物，廉洁的人是不拿的。我不愿再接受封赏了。"于是，介子推便离家出走，隐居绵山。晋文公派人去找，没有找到他，想等他回来，他又不肯出山。晋文公决定用烧山的办法，逼迫介子推出来，于是下令放火烧山。而介子推因为不愿妥协，最终被烧死了。

赏析

一个人如果珍惜自己的声誉就像珍惜自己的生命，甚至视声誉更胜于生命，这个人一定是一个值得学习和尊敬的人。介子推宁肯躲在深山里被烧死也不愿出来接受求来的封赏，试问这样的人能有几个？历史的车轮不断前进，岁月的长河不断冲刷着人们的记忆，但高尚的道德品质一定要一代一代传承下去，这是时代赋予我们的责任，也是我们的义务。

井底之蛙

释义

　　井底的青蛙只能看到井口那么大的一片天。比喻眼界狭隘、见识短浅的人。

故事

　　在一口井底下住着一只青蛙，井底的空间虽然不大，它却生活得无忧无虑，自得其乐。这只青蛙只知道井底这一块小天地，井口上有块小小的天空，能射进一缕光线，连周围任何细微之处有些什么，它都知道得清清楚楚。可至于井外的世界有多大，它一点也不了解，在它眼里这井底就是整个世界。

　　一天，井底之蛙忽然看见井口上出现了一只大鳖，这只大鳖来自东海。于是，青蛙便同大鳖闲聊起来。大鳖对青蛙在井里的生活也感到很好奇。青蛙向它夸口道："喂，大鳖，你瞧我住在这里多么好啊！这里有蓝天，有阳光，有一汪水，还有那柔软的淤泥，我生活得非常快乐。我可以自由自在地跳来跳去，周围宽敞得很，不用担心碰到头。累了，我可以安安静静地在井壁的石洞里休息。我想游泳，有足够的水，能全身舒舒服服地泡在水里。休息够了，我还可以在柔软的稀泥中散散步。你看，附近那些小蝌蚪啦、小螃蟹啦，哪一个能比得上我呢？我在这里逍遥自在，无比快乐！你为什么不来参观我这方天地，下来畅游一下呢！"

　　大鳖听了青蛙的这段话，便想到井底里去看一看。可是它左脚还没有伸进去，右脚就被井口卡住了，进退不得。它只好慢慢地退回去，站稳

四脚,问青蛙:"喂,朋友,你看见过大海吗?"青蛙愣住了,这大海,它是连听也没有听说过,于是大鳖就简单地把大海的情况告诉了它。

大鳖说:"海之广,何止千万里;海之深,何止千万丈。怎么才能使你明白呢?这样说吧,古时候,一连许多年闹水灾,洪水不断流入海里,可是海水并不因此增长多少;后来又遇上一连许多年大旱,地都晒得开裂了,可是海水并不因此减少一点儿,你说,生活在这样的大海里,是不是算得上真正的快乐呢?"

听到这里,青蛙瞪大了眼睛,吃惊得说不出话来。

赏析

山外有山,楼外有楼,站在不同的角度,看到的是不同的世界。坐在井底的青蛙能看到的仅仅只是井口的那片蓝天,但高飞的雄鹰,却可以看到更加广阔的天地。与雄鹰相比,青蛙目光之短浅显而易见,而青蛙却在小小的井底觉得自己见识远大,这是多么可笑的事情!

所以,我们在任何时候都不能狂妄自大、自吹自擂,随时都要以一种谦虚谨慎的态度去学习,只有这样,我们才能收获更广博的知识,增长更多的见识。

君子之交

释义

比喻贤者之间的交情，平淡如水，不尚虚华。

故事

孔子为了宣传他的政治主张，曾周游列国，但遭到了许多不测。有一次，他对朋友子桑雽（hù）说："我两次被鲁国驱赶出境，在宋国蒙受伐树之辱，在卫国被禁止居留，在商、周困顿不得志，在陈、蔡交界的地方被人围困。我遭遇这些祸患，亲朋更加疏远，学生故交更加离散，为什么会这样呢？"

子桑雽思考了一会儿，回答说："你没有听说过一个关于假国人逃亡的故事吗？假国人林回丢弃价值千金的玉璧，却背着婴儿逃走。有人说：'为了钱财吗？婴儿的价值太小了；为了怕累赘吗？婴儿带来的拖累多得很。丢弃价值千金的玉璧，背着婴儿逃走，这是为什么呢？'林回解释说：'我和玉璧是靠利结合的，我和婴儿的关系则出自天性。'以利而结合的，遇到窘迫祸患的时候，会互相遗弃；以天性相连的，遇到窘迫祸患的时候，会互相收容。互相收容与互相遗弃，它们的差别实在太远了。再说，君子之间的交情淡薄如水，小人之间的交情甘美如甜酒；君子之交虽淡薄却亲切，小人之交虽甜美却易断绝。所以凡是没有缘故而结合的，也会没有缘故而离散。"

这一席话令孔子茅塞顿开，孔子感激地说："我诚心地接受你的训导！"说完，他便安闲地离去了，从此放弃了学业，抛开了书本，不再让弟子们在自己面前行揖让之礼，而弟子们对孔子更加敬爱了。

赏析

以利相交,利尽则散;以权相交,权失则弃;以势相交,势去则倾;以心相交,成其久远。君子之交淡如水,淡薄而亲切,犹如细水长流;小人之交甘若饴,甘甜而易断,犹如花香短暂。人与人之间的联系,如果是为了利益苟合,一旦利益尽失,双方联系自然而然就会中断。

所以我们还是多一些"淡如水"的君子之交吧。"淡"是生活的味道,也是经过时间验证的友谊的味道。真正的朋友不一定非要"同生死共患难",能够和气相处、互相信任、相互珍惜,拥有像水一样清澈的友谊就足够了。

力竭必败

释义

指一旦精疲力尽必然会导致失败。

故事

古代著名的驭手东野稷，有一次驾车去见鲁庄公，他驾起车子，前后进退像用绳子量过那样直，左右旋转像圆规划出的那样圆。鲁庄公看了以后，认为就是造父（造父是古代的驾车能手）也不能超过他，于是就让他驾车转100个圈然后返回。

鲁国贤士颜阖看见此情景，就进见鲁庄公说："东野稷的马车表演将要失败。"

鲁庄公听了默不作声。过了一会儿，东野稷的表演果然以失败而告终。

鲁庄公就问颜阖："你为什么事先就知道他会失败呢？"

颜阖胸有成竹地说："他的马力气已经用尽，还要求它跑那么多圈，马能受得了吗？所以我说他必然会失败。"

赏析

"一鼓作气，再而衰，三而竭。"每个人都想一鼓作气做好一件事，达到自己预定的目标。这是好事，但是，也要注意给自己留下后退的空间和精力，不要在无意之间把自己逼到无路可退的境地。就像一场长跑比赛，刚

开始一路狂奔用尽全身力气,可过了大半的路程发现自己跑错了路线,再想回头却发现自己双腿像灌了铅,已经迈不开步伐。所以,合理地安排好自己的时间和精力,在轻松的心态下跨过一个又一个难关,这样,我们才能离成功越来越近。

临难不惧

释义

遇到危难,一点也不惧怕。

故事

颜刻(kè)是孔子的学生,他身体健壮,勇猛好斗。有一次,颜刻跟随鲁国的阳虎去进攻卫国,攻打匡地。颜刻作战非常勇敢,跟随阳虎向匡地发动猛烈攻击,他冲到城下,奋不顾身地从城墙的一个缺口爬进去,最终取得了胜利。后来,颜刻提起这段往事,非常得意。

鲁定公当国君时,季桓子掌握实权,他不采纳孔子那一套理论。孔子不满,便带着自己的一群学生到诸侯各国游历,宣传自己的政治主张。当游宦到了卫国,卫灵公对孔子的动机很为怀疑,孔子只有离开卫国,准备到陈国去。在经过匡地时,颜刻为孔子驾车,旧地重游,勾起了不少回忆,于是颜刻颇为得意地讲解着周围的景物,向孔子和同学们叙述上次作战

的情景。匡地的人们对那场战争记忆犹新,见他们这一伙人不住地指指点点,又听到颜剋说起昔日攻城的事情,不由地注意起来。他们认出了颜剋正是自己的敌人,又发现孔子的相貌长得同阳虎相似,于是认定他就是阳虎。仇人相见,分外眼红,于是匡地的人们纷纷拿起武器,把孔子和他的学生重重包围,不让他们离开。

孔子的学生子路,一向以勇敢而闻名。匡地的人们开始包围时,他奋勇向前,冲破包围,跑了出去。跑了一段路之后,发现孔子和其他同学没有跟上来,他这才急忙跑回去。看见孔子已被包围在中间,他担心孔子经不起惊吓,又冲进包围圈。谁知他看见孔子正坐在地上,心平气和地同匡地的人们谈笑风生,并且还弹琴给他们听。

子路奇怪地问:"先生,您现在怎么还有兴致弹琴啊?"孔子笑了笑,不慌不忙地对他说:"子路,我告诉你,在水中来来去去,不怕蛟龙的,是渔夫之勇;在山野来来往往,不怕虎狼的,是猎手之勇;朝着雪亮的刀枪奋不顾身冲去的,是战士之勇;只有掌握自己命运,临难不惧的,才是圣人之勇啊!"

不久,一位将士过来表示歉意地说:"我们还以为您是阳虎呢,现在知道弄错了。请您原谅,我们马上撤去。"

赏析

清朝民主人士谭嗣同曾说:"我自横刀向天笑,去留肝胆两昆仑。"这就是勇士之勇。但是,真正的大智大勇者应该是在危难之际能够掌握自己生死命运的人。不畏死固然可以赞为英雄气概,但能在危难之中安然脱身不是更加值得敬佩吗?

我们在人生之路上可能会遭遇一些陷阱,也可能会陷入某个危险境地,这就需要我们保持一份清醒,冷静分析自己面临的处境,动用自己的一切智慧,寻找解决问题的方法,这样才能在遇到危险时做到临危不乱,转危为安。

鲁多假儒

释义

指在鲁国大街上穿着儒服的人并非都是贤人志士，有滥竽充数之嫌。

故事

有一次，庄子去拜见鲁国的国君鲁哀公，鲁哀公感叹地说："鲁国多的是儒士，很少有人学先生的道术。"庄子说："鲁国的儒士不是很多，而是很少啊！"鲁哀公说："全鲁国到处都是穿儒者服装的，怎么能说少呢？"

庄子想了想，有才能的人，不一定表现在外表；而没有才能的人，往往在外表上做文章，欺世盗名。而以貌取人，又常常会自觉或不自觉地影响着人们。因此，他胸有成竹地说："我听说：儒者戴圆帽，知道天时；穿方鞋子的，知道地理；用五色丝带系玉玦，遇事果断处理。而君子有这些道术本领，未必穿着这样的服装；穿这样服装的，未必就有这样的道术本领。您一定认为不是这样的，那么为何不在国内发布号令：'没有儒者之道术本领而穿儒者服装的，要以死罪论处。'"

于是，鲁哀公发布号令，5 天后，鲁国境内竟没有人敢穿儒服。只有一个男子穿着儒服，站在朝廷门口。鲁哀公召他来询问国事，问了许多，他应答不穷。庄子说："整个鲁国只有这么一个儒者，怎么可以说多呢？"

赏析

假象不一定以其真面目示人，它们穿着貌似真相的伪装，到处招摇过

市,以假乱真,那些不识真相的人会被它们的伪装蒙蔽了双眼。一旦虚伪的假儒多了,那些真正的儒士自然就会被埋没于市井之间,无法得到重用。

我们不仅不能做假儒,更要学会辨认假儒。如果以貌取人,就会真假不辨。因此,我们在分析问题时一定要看到问题的实质再做判断,要剥开所有的伪装再做定夺。

鲁侯养鸟

释义

比喻做事情要根据对象的特点采取相应的措施,否则只会适得其反。

故事

在蔚蓝的大海上,生活着一群洁白的海鸟,它们时而掠过海面,啄食鱼虾;时而栖息沙滩,鸣叫戏耍。它们生活得无忧无虑,自由自在,快活极了。

一天,一只海鸟离开了大海,飞到了鲁国都城曲阜的城郊,落在一棵大树上。这天,正好鲁侯带着大队人马到郊外去狩猎,他看到大树上有一只浑身洁白,从来没见到过的鸟,以为是一只神鸟,便命人撒开大网,把这只洁白的鸟活捉了。

"啊!这种鸟前未所见,一定是只神鸟,我一定要好好地供养它!"

鲁侯对随从说。

于是,鲁侯回宫后,立即吩咐工匠赶制了一只精美的鸟笼,鸟笼上镶嵌了黄金和珠宝。鲁侯命人把鸟放进鸟笼中,拿到祭祀祖宗的神庙里去供养,吩咐乐官为神鸟演奏最隆重的《九韶》乐曲,还准备了猪、牛、羊三牲作为神鸟的膳食。这只海鸟被关在笼中,被《九韶》的乐曲弄得头晕目眩,心中十分忧伤悲苦,浑身簌簌发抖,既不敢吃一口肉,也不敢饮一口酒。就这样,它又怕又饿,3天后便死掉了。

赏析

鲁侯养鸟之所以很失败,就是因为他没有明白养鸟的方法,纯粹以他自认的看似奢华却愚昧的方式来对待那只可怜的鸟了。这也就是所谓的好心办坏事。

一个人做事要清楚事物发展的规律和对象的特点。如果还没有了解这些情况,就按自己的方式盲目处理,最后的结果只会适得其反。即使这并不是他做事的初衷,却最终要留下遗憾。

芒然自失

释义

形容心中迷惘，自感若有所失。芒然：同"茫然"，失意的样子。

故事

从前，赵文王喜好剑术，他门下的剑士有三千多人，因为这些剑士日夜不停地斗剑，所以死伤无数。就这样过了 3 年，赵国的国力已经十分衰落，成为其他诸侯国想攻占的目标。

赵国的太子对此事非常担忧，于是请来了庄子，希望他能说服赵文王不要沉迷于斗剑。

庄子穿着剑士的服装和使者一起去见赵文王。庄子向赵文王介绍说他的剑术可以十步之内取人首级，千里之内无人敢挡，希望能与剑士们比试比试。赵文王听后十分高兴，他让手下的剑士们较量了 7 天，最终选出了 6 个人来与庄子一比高低。

到了比试的当天，庄子介绍说："我有 3 把剑，任凭大王选用，这 3 把剑分别是天子之剑、诸侯之剑、庶人之剑。"

赵文王问："天子之剑如何？"

庄子回答说："天子之剑，上能劈开浮云，下能斩断地基。此剑一出，就能匡正诸侯，天下归顺。"

赵文王听了茫然若失，问道："诸侯之剑如何？"

庄子说："诸侯之剑一出，如同雷霆发作，四海之内，没有人不听从君主的命令了。"

赵文王又问:"那庶人之剑呢?"

庄子回答道:"庶人之剑与斗鸡没有区别,一旦小命呜呼,对国事也毫无裨益。现在大王拥有天子之位,却喜好庶人之剑,我真替大王鄙视这种做法。"

经过庄子的一番劝诫,赵文王终于放弃了斗剑的喜好。

赏析

在人生的道路上,我们总是希望一帆风顺,但是很多时候却陷入了茫然的境地。我们迷茫于旅途的坎坷中,所以找不到人生的方向;我们迷茫于堆砌如山的书本之中,所以得不到真知;我们迷茫于眼前的物质欲望之中,所以越陷越深难以自拔。其实,我们感到迷茫只是因为我们一时迷了心窍,不知道哪把是我们的"天子之剑"。只要我们不在迷茫中怅然若失,不纠缠于此,擦亮双眼,细心摸索,就能够找到迷雾中透射过来的那丝指导我们前进的光亮。

每下愈况

释义

形容越往下发展情况越严重。后变为"每况愈下"。

故事

庄子是战国时期道家著名的代表人物。有一次,东郭子向庄子请教:"所谓'道'究竟在什么地方?"

庄子回答说:"无所不在。"

东郭子请求说:"还是请你举出具体例子,我才容易明白。"

庄子答道:"在蝼蛄和蚂蚁中。"

东郭子怀疑地说:"高妙的'道',怎么在那样低下的东西上呢?"

"在稊稗(tí bài,小米、野谷之类)这类的杂草中。"

"怎么更低下了?"

"在瓦甓(pì,瓦片、砖块之类)中。"

"怎么愈说愈低下了?"

"在屎尿中。"

东郭子认为庄子在故意开玩笑,便不做声了。但是,庄子却一本正经地说:"你要知道,你提出的这个大问题,正如司正、司获向监市请教检验猪的肥瘦问题一样,回答是每下愈况。因为猪的腿脚是不容易长肥的,如果腿脚很肥了,便可知道这头猪一定极肥。"

赏析

一滴水里看世界,一片落叶知秋至。明智通达的人看问题往往能够像管仲窥豹那样,根据很小的细节就能判断事情发展到了什么程度,有什么优点和缺点等。因为很多事物的真相并不是显露在最明显、最容易被人发现的地方,我们需要从最细微、最容易忽略的地方去一探究竟。就像要检验一头猪的肥瘦一样,应该从腿脚等细微处入手,因为腿脚如果很肥,就一定表示这头猪很肥。所以,我们在平时生活中要善于从最基础的地方去推理,从最微小的细节去衡量。

明王之治

释义

指英明的国王能够把国家治理得很好,而自己却仿佛什么都没有做似的。

故事

阳子居因为思考问题而得不到结果,心里总是不踏实,就跑去请教大师老聃。

见了老聃以后,阳子居开门见山地问:"办事敏捷果断,见识广博通达,学习勤奋踏实。如果有人一身兼有这3条长处,总可以和英明的国王相提并论了吧?"

老聃摇头说:"在圣人看来,你说的这种人很像有才智的小吏,工作劳累,心情紧迫,他那一技之长恰似一条绳子,把自己捆绑在公案上,想调调不走,想辞辞不掉,想不受表扬也办不到,一直忙到病了、死了,才能松绑。虎豹有绚丽的皮毛,可供人铺床垫座,所以被猎。猕猴会攀跳,可逗人快乐,所以被捉。猎狗会追踪狐狸,所以被人类利用。它们都有长处,也可以和英明的国王相提并论了,是吗?"

阳子居猛然醒悟,诚恳地说:"敢请老师谈谈英明的国王怎样治理天下。"

老聃说:"英明的国王治理天下,功德覆盖天下,好像不归于自己;化育万物而人民并不感到依赖了他;有功德却无法去形容,使万物各得其所,而自己却站在神妙不可测的境地,与虚无之道同游。"

阳子居听了老聃关于明王之治的正确答案,高兴地走了。

赏析

让所有的事情顺其自然,让所有的人自然成长。遵循自然的规律,不去违背它,不去破坏它,让所有的事物都有休养生息、更新换代的时间和空间,让所有的矛盾在自然选择中解决。具备了这样的才能,也就是具备了一个高超的领导者应有的才能。不如让我们从现在开始,培养自己的领导才能,为我们日后成就一番事业打下坚实的基础。

莫逆之交

释义

指非常要好或情投意合的知心朋友。

故事

从前,有四个人,分别是子祀（sì）、子舆、子犁和子来,他们主张万事万物顺应自然,认为天地间"无"是最崇高的。有一天,这四个人聚在一起,热烈地讨论着"无"的崇高和伟大。最后,他们取得了一致的看法:"无"就像人的头一样,起着至关重要的作用。分别时,四个人互相望着笑着,认为他们心心相通,友谊将天长地久。

过了一些时候,子舆生病了,子祀前去探望。子舆出门迎接时,弯着

腰,勾着头,高耸起两肩,背上长着5个大脓疮。由于过分地弯着腰,脸都快贴着小肚子了,但他却坦然地牵着子祀的手,一块儿走到井边,轻松地闲聊起来。

不久,子来又害了病,子犁去看子来,见子来的妻子悲伤地啼哭。子犁大声地喝开子来的妻子,坐在床边对子来说道:"唉,你的妻子真不懂事!伟大的造物主正在变化你,怎么能随便惊动呢?"子来感激地说:"假如一个铁匠正在打铁,火炉中的一块铁突然跳了起来,那铁匠一定认为是不祥之兆。天地是一个大熔炉,阴阳是一个伟大的铁匠。我现在正在被天地铸造着,怎么会表示出痛苦呢?"子犁紧紧地握着子来的手,说:"我们真是莫逆之交啊!"

赏析

古人常说,一生能得一知己足矣。人这一生如果能够遇到一个非常要好,而且彼此能够心有灵犀的知己,这就已经足够了,即使是面对死亡,也不会有任何的遗憾和恐惧。

只是,我们的一生当中究竟能否遇到知己呢?能遇到几个知己呢?茫茫人海中,要能够探听到对方心底的声音,而且还能彼此信赖,携手与共,这也应该算是人这一生中最困难的事情之一吧,所以,如果你有幸能够和某个人结为莫逆之交,就请珍惜他吧!

逆旅二妾

释义

比喻为人谦虚善良,不自我炫耀,就会受人敬爱。

故事

有一天,阳子要到宋国去,赶了一天的路十分劳累,天黑之前,在一家旅馆住下了。

这家店主人有两个小妾,一个相貌美丽,一个相貌丑陋。出人意料的是,相貌丑陋的那个女子受到了店主人的宠爱,而相貌美丽的那个却受到了店主人的轻视。出于好奇,阳子便询问了其中的缘故。

店主人告诉阳子说:"那个貌美的女人自以为美而骄矜,但是我并不认为她有多美;那个貌丑的女人知道自己的长相丑陋而安分守己,我并不以为她有多丑。"

听完店主的一番话,阳子恍然大悟。

第二天,阳子告诫自己的弟子们说:"你们要记住,品德美好而能忘掉自己美好品德的人,走到哪里都会受到人们的敬爱。"

赏析

每个人都有自己的才华和优势,但我们需要有良好的心态去面对它们。当我们在某一些方面相对于他人来说占据了优势,大可不必去炫耀自己,因为那是无知的表现。真正值得尊敬的人,哪怕平凡得像蚂蚁,却

兢兢业业地做着自己的事情,脚踏实地地构造自己的幸福家园。这样的人是没有刺的玫瑰,芳香四溢,人们都愿意靠近。要知道,一个人才能再卓越,但如果他傲慢自大,听不进他人的意见,就会脱离身边的集体,反而受到轻视;而一个人能力虽小,但如果他谦虚上进,睦群和众,就会受人尊重。

庖丁解牛

释义

比喻经过反复实践，掌握了事物的客观规律，做事得心应手，运用自如。

故事

听说"庖丁"的屠宰技巧远近闻名，文惠君十分想见识他的技术，于是专门请他来宰牛。只见庖丁解牛时，双手如飞，刀光闪闪，手抓、肩倚、脚踩、膝抵之处，都能听到牛的皮肉和骨头发出分离的清脆响声，宛如一支有旋律节奏的歌；而他的动作、身姿竟也如舞蹈一般十分优美。

文惠君看得目瞪口呆，不禁赞叹："真是妙！您的技艺怎么能够达到这样神奇的境界呢？"

庖丁回答说："我初学宰牛的时候，眼里所看到的，是一头完整的牛；3 年的实践以后，我了解牛的内部结构，就再也看不到一头整牛。到现在，我完全不用去接触牛体，凭心神就能感知到下刀的地方。刀随手，手随意，意随心，顺着牛的天然构造，在筋肉的间隙里随意劈割，在骨节的空隙处任意行刀。一般高明的屠夫也要一年换一把刀，可是我的刀已用了 19 年，宰割过几千头牛，但刀口还是锋利无比。即便如此，每次宰牛时，一旦碰到筋骨盘结的地方，我心里也会特别警觉，动作缓慢。每次屠宰完后，我都会回顾一遍刚才的过程，觉得心满意足。"

文惠君听了，恍然大悟："说得太好了！你不但教了我怎么解牛，还告诉了我养生的道理！"

赏析

世界上的事物,总是在不断地发展变化,人们想问题、办事情,都应当考虑到这种变化,适应这种变化的需要。而世间万物的发展都有其固有的规律性,只要我们在生活中做个有心人,注意观察,不断摸索,久而久之,便能熟能生巧,把事情做得十分漂亮。

所以,我们在学习和做事的时候,要善于发挥自己的聪明才智,掌握事物发展的客观规律,继而找到合适的方法,提高办事效率,既快又好地完成预定目标。

贫病之别

释义

比喻圣贤之人不愿与世俗同流合污的崇高志向。贫:贫穷。病:困乏。

故事

原宪居住在鲁国,家境十分贫寒。他住的是矮小的、用茅草搭成的简陋的棚屋,门是用蓬草编织成的,门的转轴是用劣质的桑木做的,窗是用破瓮替代的。室内,原宪把一间居室一分为二,他和妻子各住一间。外面风实在太大的时候,就用破旧的衣衫塞住破瓮挡风。遇到下雨天,更是外

面下大雨,里面下小雨。即使这样,原宪也不以为然,依旧一面弹琴,一面唱歌,一点儿也没有愁苦的样子。

一天,他的同学子贡做了官后前来看望他。子贡穿着华丽的衣服,乘着一辆高头大马所拉的轩车(大夫以上的官乘坐的车),由于车太大,驶不进巷子,子贡只得下了车,步行来到原宪的家中。

子贡看到原宪戴着桦树皮做的帽子,穿着粗布的衣服和没有后跟的鞋子,撑着一根藜木手杖,显得十分寒酸,便说:"先生为何如此困乏啊?"

原宪笑了笑,回答说:"我听说没有钱财称为贫穷,学到了知识却不能派上用处才称为困乏。我现在是贫,而不是困乏呀!"

子贡听了,脸上不由露出一丝羞愧的神色。原宪见了,又笑着说:"现在有些人迎合世俗做事。他们和与自己亲近、合得来、可以利用的人结为朋友;他们为了使别人看得起自己而去求学,为提高自己的声誉而去教诲别人。嘴上讲的是仁义道德,实际上干的却是一些奸恶的事。我之所以安贫乐道,就是因为不愿去做那种事呀!"

子贡听了,满脸羞愧,便告辞走了。

赏析

虽然世俗是一个我们逃不开的词汇,我们既不能忽略它,亦不能眼中只有它。没有人可以完全撇除世俗而生活,但却可以做到不以世俗的标准去衡量自己、评判他人。世俗中的贫穷,只是钱财上的多寡而已,精神上的贫瘠才会使得我们不快乐。我们现在学习知识,是为了学以致用,是一辈子的精神财富,是精神快乐的源泉。

七窍之祸

比喻不根据客观规律办事从而引起祸端。

故事

南海的帝王名叫儵,北海的帝王名叫忽,中央的帝王名叫浑沌。儵和忽不但行走神速,做起事来也机灵。居住在大地中央的帝王浑沌则比较笨拙,赶不上南北二帝灵巧。

儵和忽常常互相串门儿。但是南来北往的,总免不了要经过中央大地,浑沌对这二位招待得很周到。这样,天长日久的,儵和忽觉得很过意不去,他俩就商量着要好好地报答浑沌的盛情。

"浑沌老兄真不错,对人特别和气。"南海帝王满脸感激地说,"不过,人们都有耳、目、口、鼻七窍,才能看、听、吃、喝、呼吸,才能享受做人的乐趣。但浑沌老兄呀,一窍也没有,连哭笑都表达不了。"

"是的。"北海帝王也深有同感,"咱们做善事积积德,给他凿几个窍儿吧,怎么样?"

南海帝王听了连连点头表示同意,高兴地说:"对! 咱俩可要仔细地给他凿,也算报答人家了。"

于是,南北两位帝王也不顾浑沌的意愿,就捧住他的脑袋认真地凿起窍来。这两位先凿两只眼、两个鼻孔、两个耳孔,最后才凿嘴巴。所以,浑沌是一肚子苦也说不出,只好硬着头皮忍受,顶多干瞪眼。就这样,儵和忽每日给浑沌凿一个窍。7天之后,南北两位帝王大功告成了。但是浑沌在这时候已经奄奄一息了,带着满腹尚未说出的委屈死去了。

赏析

万事皆有法,世界上的任何事物都是有其规律可循的。如果不是按照客观规律办事的话,付出再多也是枉然。正如春天播种,夏天生长,秋天结果,冬天一片萧瑟。不懂得顺应四季去栽种,必然会赔掉所有的种子。很多人总是喜欢按照自己的想法做事情,而不管事物的客观规律,所以只能得到一败涂地的结局。事物本身是客观的,人的思维是主观的,怎么能够强求客观的事物随着主观的想法而任意改变呢?只有顺应规律做事情,才能够事半功倍,否则只有弄巧成拙。

钳口不言

释义

闭着嘴不说话。钳口:闭口。

故事

有一次,田子方陪坐在魏文侯的旁边,话语之间,田子方多次称赞了谿(xī)工。

魏文侯感到好奇,于是就问道:"谿工这个人是你的老师吗?"

田子方回答说:"不是,他是我的同乡。因为他的见解往往很中肯,所

以我经常称赞他。"

魏文侯还是很好奇，又问："那么你没有老师吗？"

田子方回答说："有。"

"那你的老师是谁呢？"魏文侯接着问道。

"东郭顺子。"

魏文侯心里仍然很好奇，继续问道："既然你有老师，为什么你不曾称赞过他呢？"

田子方解释说："我的老师为人纯真，外貌虽然很普通，但内心却像自然一样清虚，一切顺应自然，保持真性。他首先端正自己，以让别人醒悟，使别人的邪念自然消除。对于这样一位老师，我能用什么样的语言来称赞他呢？"

田子方的一番话，让魏文侯怅然若失。等到田子方离开之后，魏文侯把臣子都召集了起来，语重心长地说："真是一个道德完备的君子！起初我以为圣智的言论、仁义的行为就算是最高的层次了。当我听到了田子方老师的情况，我的身体就像瓦解了一样不想动，我的嘴巴就像被钳住一样不想开口。我以前所学的东西，真是太粗陋了！"

赏析

有些人的德行值得我们去赞美，我们大可用赞美之词去表达自己的敬意。但是有时候，在我们心中对某一些人和事的赞美之情，却是无法用苍白的言语所能表达的，在他们面前，我们只能肃然起敬。对于那些真正具备崇高品格的人，我们不必用絮絮叨叨的语言去赞美，更实际的做法是，我们可以以他们为师，树立自己的人生目标。一旦内心有了这样一个目标，我们就会找到自己的人生方向，沿着正确的航线一路远行。榜样的力量是无穷的，现在我们要做的，就是找到一个值得我们尊敬和学习的榜样。

神工鬼斧

释义

鬼神所造,非人力所为。形容建筑、雕塑等技艺的精湛,似非人工所能为。也做"鬼斧神工"。

故事

传说春秋时期,鲁国有一位技术高超的木匠,名叫庆。古代的木匠被称为"梓(zǐ)人",故而人们都管他叫梓庆。

梓庆神通广大,他能够随心所欲地制作各式各样的器具。有一次,梓庆用木头雕成了一个悬挂钟磬的架子,这个架子外形十分精致美丽。凡是观赏到它的人无不感到惊奇,不敢相信这是人工制出来的,以为它是出自鬼神之手。

鲁国的国君见到这个架子,也赞叹不已,就好奇地问梓庆:"你能做出这么精致的架子,一定有什么诀窍吧!你能把你的诀窍告诉我吗?"

梓庆听了,淡淡地一笑说:"我并没有什么诀窍。我在做这个架子之前,先停止一切活动,静心屏气,排除心中的一切杂念,甚至把自己的四肢形体也都给忘却了。然后,我再跑到深山老林中去,挑选形体适当的木材。我在选择材料和加工制作的过程中,心里只想着我要制作的形状,把我所有的注意力都凝集在它的上面,就这样专心致志、精雕细刻,自然就能做出精致的钟磬架子来。所以说,这没有什么特别之处,只不过是我能达到忘我的境地罢了!"

鲁国的国君听罢,对梓庆大加赞赏了一番。

赏析

巧夺天工之技,往往出自不染污泥之心。做一件事若能达到忘我的境界,你就已经走在了通往成功的路上。只是我们多数人被尘世的喧嚣晃动了心灵,被眼前的利益遮住了本该寻找的目标。心中因为杂草丛生,真正的参天大树也被忽略掉了。所以,不要被尘世的浪头淹没了人生的目标,不要让远航的旗帜在风雨中飘摇不定,看准了目标,就排除一切杂念,投入全部的精力,这样坚持下去,我们必将迎来属于自己的"神工鬼斧"之作!

视为畏途

释义

比喻把某一地或某一事看得艰险可怕。

故事

春秋时期的一天,周威公特意去拜访田开之,让他传授养生之道。刚开始,田开之并没有大谈养生的方法,而是举出鲁国单豹与张毅两人养生的例子,指出他们都是忘了鞭策自己不足的一面而不能内外兼修,最终导致丧命。然后,田开之语重心长地告诫周威公,养生应该强调"养其内"

与"养其外"并重,顾头不顾尾,就必有祸患。

一番谈论之后,田开之还引用了孔圣人的忠告:"不要过分地隐藏,也不要过分地暴露,要像栅栏中的柴木一样立在中央,如果这三方面都能做到,养生就做得比较完备了。"

周威公若有所悟地边听边点头,田开之不禁感叹道:"一条险恶多盗的道路,如果10个行人中有一个被杀害了,那么父子兄弟就会告诫全家,相互提醒和戒备,必定要等到随行的人多起来之后才敢外出,这的确是明智的行为!世人最为可怕的,是过度地吃喝玩乐和沉迷声色享受,而那些人却不引以为戒,这是最大的过错!"

赏析

陷阱并不仅仅是那些可以看得见的,还有那些我们看不见的。为了跳过看得见的陷阱,我们总可以想出办法,但那些隐藏着的陷阱,既看不见又容易被忽略。随时为自己点亮一盏心灯,这样我们才能看清真正的"畏途"。因为世界是用心去丈量的,生活是要用心去感受的。趁着年轻,我们都需要为自己找一条正确而平坦之路,擦亮我们的双眼,千万不能误入歧途而浑然不知。

鼠肝虫臂

释义

比喻极微小而无价值的东西。

故事

子祀、子舆、子犁、子来四个人都是达观生死的高人，也是非常要好的朋友。

有一天，子舆生病了，弯腰曲背，头都抬不起来，脸色也十分难看。子祀前去问候说："您对现在这种情况感到厌恶吗？"子舆回答道："不，我有什么可厌恶的呢？老天高高在上，昼与夜不断地变化。何况人居世间，怎能没有生死的变化！我怎能对死亡感到厌恶呢？"

又过了不久，子来也生病了，气喘吁吁地，就要死了，他的妻子和儿女围着他哭泣。子犁前去慰问，说："大自然的造化又要把你变成什么？要把你变化到哪里去呢？让你变成鼠肝呢？还是让你变成虫臂呢？"子来豁达地说道："子女对于父母，无论东南西北，都要听从父母之命。人类对于造化者，造化者让我去哪儿我就去哪儿。"说完，子来就安然地睡着了。

赏析

没有人不经历生死，没有人能躲过病痛。成为看淡生死的高人，将生死置之度外，就不会在生命的最后时刻心生痛苦。也许，死后会变成鼠肝虫臂，毫无价值，可那又有什么值得害怕的呢？

生命的珍贵在于花开,哪怕仅有昙花一现,只要绚烂便没有遗憾。人的高贵在于平淡,哪怕面对生死,只要活得有意义便可以一笑置之。生有何憾,死有何惧? 活过、奋斗过、珍惜过,就值得!

吮痈舐痔

释义

指为人舔吸痈疽上的脓。比喻卑鄙龌龊地巴结权贵。

故事

在战国时期的宋国,有一个人名叫曹商,他作为宋国的使节去秦国。他刚出发的时候,被赏赐了几辆车子。后来,因为他口舌伶俐,很得秦王的欢心,所以秦王格外开恩,又赏了他一百辆车子。

曹商满面春风回到了宋国,遇见庄子,得意洋洋地说:"像有人那样,待在穷僻的小巷里,只能靠编织草鞋养家糊口,人弄得面黄肌瘦,这是我所不及的;如今我受到秦王的赏识,凭着三寸不烂之舌得到了百辆车子,一路上声势浩大,好不威风,这就是我曹商的长处了。"

庄子笑了笑,说道:"是吗? 我可是听说秦王有病召集天下医生,立下一条规矩:能替他破除毒疮的人,就赏车一辆;能替他舐舐痔疮,就赏车五辆。做的事越卑污,赏的车也就越多。莫非你给秦王治疗痔疮了吗? 不

然为什么得到了这么多车子呢？你还是走远点吧。"

赏析

天下熙熙皆为利来，天下攘攘皆为利往。做不完的荣华富贵梦，想不完的功名利禄权。追名逐利之人，为求发达而放弃自尊，之后还在众人面前招摇过市，炫富夸财，殊不知人的尊严不容践踏，即使生在穷乡僻壤，家徒四壁，只要无愧于心，志气长存，也不会在人前矮三分。那些舔痔之人，纵然腰缠万贯，也当为自己的卑劣行为感到羞愧。我们当留一股傲气在胸中，做一个坦坦荡荡、光明磊落之人。

随珠弹雀

释义

用夜明珠去弹鸟雀。比喻因小失大，得不偿失。

故事

春秋时期，鲁国国君听说颜阖（hé）是一个很注重道德修养的人，就派使者用重金礼聘他到朝廷做大官。当使者来到颜阖居住的地方时，不由得十分奇怪：一个面容憔悴的人坐在既不遮风也不挡雨的破茅房门

前,穿着粗布衣服,正在悠然自得地喂牛。使者走上前问道:"这是颜阖的家吗?"那人转身说:"是的,是颜阖的家。"使者就将钱物献上,说明了来意。颜阖看了一会儿,对使者说:"你把这么多的聘金送来,会不会弄错呢?假如你把给别人的给了我,这对谁都没有好处。不如回去弄清楚了再来。"使者一听,也犹豫起来,心想国君怎么会用重金礼聘这个糟老头子呢?

等使者弄清楚情况返回来之时,颜阖已不知去向了。

后来庄子评论说:"颜阖是一个真正厌恶富贵的人,所以他要逃避名和利。一个人最重要的是什么?是他的生命。今天世俗的人为了追逐名利财物而不惜丢掉生命。如果有人用随侯的宝珠弹射飞翔在天上的雀鸟,世人一定要嘲笑他。为什么呢?因为宝珠要比雀鸟宝贵。而生命,难道还没有宝珠贵重吗?"

赏析

随珠弹雀,得不偿失。将一颗夜明珠当做射鸟的武器固然可笑,但对于一个珍视生命,注重身心修养的人来说,一颗夜明珠的价值又如何能抵得过他高洁的心灵?如今世人注重财富权势更胜于注重心灵的修养,却不知在得到那些看似珍贵的财富或地位的时候,已经失去了更值得珍惜的东西,这其中也许还包括生命。面对人生的种种选择,我们是否应该更加清醒更加明智一点呢?

探骊得珠

在骊龙的额下取得宝珠。原指只有历难冒险才能得到珍品。后常比喻文章含义深刻,紧扣主题,得到要领。

故事

传说古代黄河边上,一片荒凉。河岸边上有一间破茅屋,茅屋里住着一对夫妻和他们的3个儿女。父亲带着儿子种地打鱼,母亲带着两个女儿织布编箩筐,一家人终年辛劳,仍过着有一顿没一顿的苦日子。

有一年,母亲累倒了,终日卧病不起,这下急坏了一家人。为了给母亲抓药治病,儿子和父亲商量说:"让我下河吧。说不定可以在黄河深渊找到稀世珍宝!"父亲叹道:"从我祖父那一代,就传说黄河水底藏着宝。下水探宝的人,少说也有上千人,可是能回来的又有几个?几乎都送了命!那个守护宝贝的黑龙见人就吃,凶残极了!你不要去送命!"儿子没有吱声就走开了。晚上,他独自走到黄河上游的岸头,静静地注视着奔腾而下的黄河水,直到月亮隐去,波浪渐渐平息。他这样一连7个夜晚没有合眼,没有离开河边一步。

这天深夜,他等全家人都睡熟了,再次来到黄河岸边。等到月亮慢慢西斜,河水渐渐平静。他一头跳进黄河,向最幽深的地方游去。这里一团漆黑,什么也看不见,四周悄然无声,不知那只凶恶的黑龙正藏在什么地方张大着嘴巴等待着猎物送上门去呢!他毫不退却,冲过这段水域,看见前面露出了一缕银光。他缓慢地游过去,发现那条横卧在面前的黑龙正

在酣睡,它的下巴底下有一颗明亮的珍珠,那银光就是珍珠散发出来的。他伸手取下珍珠,然后一口气浮出水面。回到家,他把珍珠交给父亲,对大家讲了取宝的经过。父亲惊喜地说道:"好险呀!好险呀!这种价值千金的珍珠,一定是藏在深渊里龙的下巴底下,要取到它,还得抓住黑龙睡觉的机会,不然就死无葬身之地了!"

赏析

危险孕育机遇,风险与利益共存。没有敢上九天揽月、敢下五洋捉鳖的勇气,又怎么会得到别人无法得到的稀世珍奇?只是,如果盲目行动不仅会得不到珍宝,还可能赔上自己的性命。探骊得珠,是要选择一个合适的机会,直达目标,并以最快的速度离开危险之地,否则就将命丧龙口。推而广之,我们无论做什么事情,都需要胆识与睿智兼具,三思而行,寻找机会,才能一举攻破难关。

螳臂当车

释义

螳螂举起前腿想挡住前进的车子。比喻做事不自量力或抗拒不可抗拒的强大力量必然招致失败。

故事

有一次,齐庄王乘着马车,带着随从到郊外去打猎。这支浩浩荡荡的队伍马蹄嘚嘚、车轮滚滚、人声鼎沸、势不可挡地急速向前行进。

突然,有一只青色的小虫子横在大路中间,高高地举起两只前爪,气势汹汹、怒不可遏地向车队迎面扑过来。

齐庄王觉得眼前这番情景很滑稽,这么一只小小的虫子,怎么能抵挡得住飞速奔驰的马车呢? 他侧身问自己的车夫:"你看见没有,那是什么虫子? 怎么如此狂妄自大、不可一世? "

车夫耸了耸肩膀,回答道:"陛下没有听说过吗? 这就是螳螂呀! 这种虫子虽然个头不大,力气很小,可是却目空一切。它从来不估计自己有多大的力量,也不懂得掂量对方是强大还是弱小,总是一味地拼命进攻,企图把别人吓退。这正是它的可悲之处。陛下不是看到了吗? 它现在张牙舞爪地想挡住我们的去路哩! "

齐庄王听罢一言不发,若有所思。

一时间,庞大的车队早已隆隆地从大路上驰过,将那目空一切的螳螂碾了个粉碎。

赏析

我们在很多时候都只是一只小小的螳螂,但是我们自己却总是浑然不觉,总以为自己很高大,对自己的能力估计不足。很多事情,并不是我们想做就能做到的,我们要充分考虑到事情的难易程度,还要现实地考虑自己的能力是否能够胜任。用鸡蛋碰石头的事情千万不要去干,也不要凭借侥幸心理认为放手一赌就可以让成功发生在自己身上。要懂得时刻警醒自己,正确认识自己。

螳螂捕蝉，黄雀在后

释义

比喻只看到前面有利可图，不知背后正有祸患来临。

故事

一天下午，庄子来到栗子园游玩。一只雀鸟突然从他面前飞过，雀鸟翅膀的羽毛还扫到了他的额头。庄子觉得又好笑又生气，于是快步跟上去，掏出弹弓，准备把雀鸟射下来。

雀鸟在栗树枝上停住，然后用静静的眼光专注地盯着前方。前方不远处，一只蝉在树叶的遮阴下，正自得其乐地鸣叫着。而在它的身后，有一只螳螂以树叶做掩护，准备攻击这只蝉，螳螂因为见到猎物触手可得而忘记了自己周围的事物。说时迟那时快，螳螂一个扑身，就捉住了蝉。正当螳螂准备开心地享受午餐的时候，雀鸟抓住了螳螂得意忘形的机会，尖尖的嘴儿一啄，就把螳螂给逮住了。

庄子看到眼前这一幕，心头一惊，想到：这些生物因为有贪图的念头，所以只顾着眼前的利益，而忽略了身后的危险，我是不是也常常这样呢？他吓得赶紧丢下弹弓，掉头就跑。

庄子的惊慌而逃引来管理栗园的人在后面紧追，原来刚才他看见庄子拿着弹弓瞄向栗树，还以为他要偷栗子呢！

赏析

在现实生活中，有很多人总是双眼紧盯前方，只关注眼前的得失，而

忽略了周遭其他的事物。其实，我们所处的社会是一个复杂的大环境，它有它自身的"丛林法则"。如果我们的双眼过于专注地看着前方，而不懂得警惕四周可能暗藏的危险，则可能在过马路的时候遭遇不测；如果我们只是看到眼前的利益而莽撞行事，而不考虑此事可能存在的风险，我们或许就会掉入他人的陷阱，成为猎物嘴里的羔羊。所以，我们要把目光放长远一些，眼前的利益固然诱人，但我们更应该看到与其相关联的危险因素，不能因为一时疏忽而留下遗憾。

天籁

释义

指自然界各种声响的统称。

故事

有一天，南郭子綦在静坐修行之后，对弟子颜成子游说："你或许听说过人籁，但不一定听说过地籁，你或许听说过地籁，但肯定没听说过天籁吧。"

子游一看先生将要给自己传授经验，回答道："请先生说出其中的道理。"

南郭子綦解释说："大地呼出的气，人们称之为风。这风不发作也就罢了，一旦发作就会不得安宁。你难道没有听过大风呼呼的声音吗？"

子游连忙回答:"弟子听过。"

南郭子綦望着远方继续说:"那深幽的山谷,那树干上的洞穴,有的像大鼻子,有的像嘴巴,有的像尖耳朵,有的像大梁上的方子孔,有的像猪圈,有的像石臼,有的像深池,有的像浅坑。大风一吹,从这些洞穴窟窿中所发出的声音,奇奇怪怪,有的像哗哗的流水声,有的像斥人的骂声,有的像急促的呼吸声,有的像呼救的嘶喊声,有的像号啕的哭声,有的像哀叹声,有的像哽咽声。前面的风呜呜地唱着,后面的风呼呼地和着,微风小声地应和着,大风就大声应和着,当狂风过去,所有的洞穴都寂静无声了。"

子游若有所悟地说:"学生现在明白了。所谓'地籁',就是大自然的洞穴窟窿所发出的声音;而'人籁'呢,就是人用竹箫之类所发出的声音。但请问先生,'天籁'究竟是什么呢?"

南郭子綦哈哈一笑,解释说:"所谓天籁,也就是风吹进洞孔里所发出的各种不同的声音,这些千差万别的声音都是由自己形态体质的不同所造成的。既然各种不同的声音都是自身决定的,那促使他们发声的还能是什么呢?"

赏析

竹子做的笛子,木头做的古筝,金属做的铜钟,各自都有自己的本质属性,所以它们发出来的声音也是各不相同。我们每个人也都有自己的特点。如果现在你还没有发现自己究竟拥有哪方面的才华,不要丧失信心,要相信我们每个人都能创造属于自己的辉煌。我们不要一味地去模仿他人,刻意踩着别人走出来的脚印前进,那样我们也不一定能走向成功。"天籁之音"存在于每一个人的身体里,只要好好寻找,将自己的潜能发挥到极限,我们就可以演奏出生命的最强音。

天下之重

释义

指做事要分清孰轻孰重。

故事

战国时期,韩国和魏国相邻,经常为争夺土地而发生战争。韩国的国君昭僖侯经常为此寝食不安。子华子知道后,便前去拜见昭僖侯。

子华子问道:"大王身居君位,享不尽的荣华富贵,为何愁苦不堪呢?"

昭僖侯没好气地说:"还不是为了与魏国争夺土地,我天天为得不到土地而忧心如焚。"

子华子继续说:"我给大王打个比方,假如现在天下人在你面前共同立下契约说:'不论哪个人,如果用左手夺取这张契约便砍掉他的右手,如果用右手夺取这张契约便砍掉他的左手,只要取得这张契约,天下就归他所有了。'那么你愿意夺取吗?"

昭僖侯立刻就说:"谁肯为了拥有天下而使双手变成残疾呢?"

子华子进一步劝导说:"大王真是明智!由此看来,两臂比天下重要,而身体又比两臂更重要。韩国远不如天下重要,现在您同魏国争夺的小块土地,又远不如韩国重要。您又何必如此损害自己的身体去忧虑那不可能夺得的土地呢?这岂不是用最重要的去换取那最不重要的吗?"

昭僖侯一听,顿时愁云舒展,说:"开导我的人很多,但从来没有听到过这样深刻有理的话。"

从此以后,昭僖侯在与魏国发生纠纷时,总是能够克制自己,争取和平解决问题,尽量避免牺牲本国百姓的生命。

赏析

历史上的每一次朝代更迭,每一次群雄争霸,都伴随着浓重的血腥味,造成生灵涂炭,饿殍遍野,那是一幅幅多么悲惨的画面!但是明智的国君不会因为自己一时的冲动和一点利益争端而陷自己的臣民于水火之中,这就是爱民之心,天下为重之心。这样的国君怎会得不到臣民的爱戴呢?试想在现实生活中,一个人如果能顾全大局,处处考虑到他人,这样的人哪里会得不到他人的赞赏呢?

同师之异

释义

指拜在同一师门下的学生品行各有不同。

故事

郑国有个人叫申徒嘉,曾因误犯刑法,被砍掉了一只脚。但他奋发图强,努力学习,并拜在当时著名学者伯昏无人的门下,专修学业和品行。

当时郑国的宰相郑子产与他是同窗，但很瞧不起他。一天，他们恰好同席而坐，散学时，子产对申徒嘉说："你现在就走吗？如果你先走我就暂时留下来，要不我先走，你待一会儿再走。""那我就先走吧！"申徒嘉不想和子产计较，先走了。子产看他居然敢先走，很是气愤。

第二天散学时，子产傲慢地对申徒嘉说："今天我要先走，你先在这里待着！看到宰相我在这里，你这个犯人居然不回避！"申徒嘉说："先生的门下，还没有出过你这种德行的学生。别以为自己是宰相，地位比别人高，就能瞧不起别人，你也是来提高德行修养的，不是来摆架子的。"子产恼羞成怒，大声说道："一个被砍了脚的犯人，还奢谈什么德行，你还想修炼成尧舜那样的德行吗？真是痴人说梦。"

申徒嘉依旧冷静地说道："我已经为我犯过的错受到了惩罚，也曾感到委屈，当有人嘲笑我，我也很难过。现在我在先生的教育下，已经不在意自己的缺陷，只在意提高自己的德行修养了。你今天因此而嘲笑我，只证明你的修养不过如此。你觉得德行和形体哪个更重要呢？"这一番话说得子产羞愧难当。

赏析

真正的弱者不是身体的残缺，而是精神的缺失和道德的缺失。越是那些自以为是、高高在上的人，越能证明他们精神上的残疾。这样的人是不完整的，是被世人所鄙视的。而那些长在深山里的花草，虽没有挺拔的躯干，也没有鲜艳的外表，它们无人赏识，更无人照料，但因为出自天然，汲取了大自然的精华，所以具有别样的魅力。因此，我们不能以人的身体缺陷论强弱，品德修养的高低才是判断一个人美丑的标准。

屠龙之技

释义

指宰杀蛟龙的技能。比喻技术虽高，但不实用。

故事

古时候，有个名叫朱泙漫的青年。他听说支离益是世上有名的屠宰能手，便告别妻子儿女，前去寻访，准备拜支离益为师，学习屠宰的技术。

朱泙漫好不容易来到了支离益的家，提出要拜他为师。支离益见朱泙漫一片诚心，便欣然收他为徒，并问他："你是要学屠牛、屠马的技术，还是要学宰猪、杀狗的技术呢？"

朱泙漫心想：屠牛、屠马、宰猪、杀狗的技术太平常；世界上会杀龙的人很少，我不如学屠龙的技术。于是，他对支离益说："我要学习屠龙的技术。"

支离益听了，说："屠龙可不是轻而易举能学好的，必须苦学 3 年才能有所成就。"

朱泙漫很坚定地说："老师，我能吃苦，一定能学好。"

支离益又说："学习屠龙，学费也很贵，3 年大约需要一千两银子。"

朱泙漫毫不犹豫地说："我愿意变卖家产，凑足一千两银子交学费。"

于是，支离益开始教朱泙漫屠龙的本领。朱泙漫学习非常刻苦，他按照支离益所教的内容，反复地进行练习，进步很快。

眨眼之间，3 年很快就过去了。在支离益的悉心教诲下，朱泙漫学会

了全套的屠龙之技。

朱泙漫告别了老师支离益，回到了家中。可是，年复一年，他的屠龙术一直没有什么机会施展，因为他无法捕到一条龙，至于屠龙，那就更无从谈起了。

赏析

真正的本领只有在能够为社会所用时才能显现出价值，高超的技艺固然令人羡慕，但如果不能发挥它的威力，无法实现它的价值，这种技艺即使再高超也一无是处。

所有的人都幻想着有朝一日能出人头地，都幻想着走出一条不同寻常的路，但不是每一条路都能实现我们的梦想。正如一把钥匙开一把锁，我们每个人的未来都像一把锁，只有找对了钥匙，才能开启光明的前景，找不对钥匙可能会自毁前程。因此我们要记住，莫学屠龙之技，不做无用之人！

屠羊之赏

释义

比喻一个人身处卑微却品行高尚。

故事

古时候，有一个叫楚昭王的人，由于吴国的入侵而丢失了自己的国家，被迫逃到外国去。一位在宫里宰羊的屠夫也跟随楚昭王逃亡。大家都认为这个屠夫是个非常有气节的人。后来，楚昭王借助别国的力量回到了楚国，那个屠夫也回到了宫里。

楚昭王于是派官员去奖赏这个屠夫。当奖赏送到屠夫家中的时候，屠夫拒绝了。他说："大王失去了国位，我也失去了屠羊之业；大王恢复了国位，我也恢复了职业。我该得到的都已得到了，为什么还要给我奖赏呢？"

官员把这一番话汇报给了楚昭王，楚昭王说："强迫他接受。"

屠夫对官员说："大王失去了国土，不是我的过错，所以不敢接受惩处；大王返回国家，不是我的功劳，所以不敢接受奖赏。"

楚昭王听了汇报后又对官员们说："让他来见我！"

屠夫说："按照楚国的法令，只有那些立了大功而受到重赏的人才能晋见大王。现在我的智慧不足以保存国家，勇力不足以杀死敌寇。吴军攻入郢都时，我害怕灾难才躲避敌寇，并非有意追随大王的。如今大王想废弃法令、毁掉约定来召见我，这不是我愿意传闻天下的事。"

楚昭王知道后，不由得赞叹说："这位宰羊的人，地位虽然很卑贱，而道理却说得很深刻。我要把他提拔到三公的爵位上。"

屠夫听说此事后，说："三公的爵位，比这屠羊的职业要高贵得多；万钟的俸禄，比这宰羊的收入要丰厚得多。然而我怎能为了贪图爵位和俸禄而使自己的君王蒙受滥施恩惠的恶名呢？我实在不敢当，还是让我去宰羊吧！"

直到最后，屠夫也没有接受楚昭王的封赏。

赏析

　　锦上添花易,雪中送炭难。落魄潦倒之人,或许很难在最困难的时候得到他人的出手相助,更不要说让身边的人不离不弃。所以,这个屠夫能在楚昭王逃亡时还能坚持原来的立场而不离不弃就更显得弥足珍贵。人与人之间,最值得珍惜的就是那些美好的情感,这些情感不会因为贫富的变化而转移,不会因为位置的高低而变质。正是因为它们的存在,人间才会显得生机勃勃,春意盎然。

外重者内拙

释义

比喻过多地把心思放在外物上，就会失去原有的聪颖而显得笨拙。

故事

一天，颜回问孔子："我曾经在一个有深渊的渡口看见摆渡之人驾船娴熟灵巧，技艺高超。我就问他：'驾船可以学会吗？'他回答说：'可以。会游泳的人多练几次就可以学会了。至于会潜水的人，即使连船都没有见过，只要一学就能掌握技巧。'我想问他他的这番话是什么道理，但是他不告诉我。所以我想请教您，这是什么道理呢？"

孔子沉默了一会儿，告诉颜回："善于游泳的人多练几次就能学会驾船，是因为他忘记了水能淹死人。能够潜水的人即使没见过船也能掌握驾船的技巧，是因为他把深渊看成了陆地上的高坡，千万种翻船的情景呈现在眼前也不会扰乱他的心，做什么不得心应手呢！就好比用瓦片来做赌注，人的心计便会灵巧；用黄金来做赌注，人的心志就容易混乱。其实赌的技巧都是一样的，但由于所下的赌注不同而有所顾虑，这就是心思过多地放在了外物上。所以，凡是看重外物的人，他的内心就会笨拙。"

赏析

有些人穷尽一生都在追逐一个目标，到最后可能因为种种原因难以得到。有时候，不是因为目标距离我们太遥远，也不是我们不具备相应的

能力,而是因为我们的内心不够专一。世俗之中,我们容易被纷繁的外物所干扰,会有很多诱人的风景来吸引我们驻足观望,所以难以一门心思地投入到人生的奋斗中。于是,我们在学业面前显得笨拙,万般努力却效率低下。想一想,"两耳不闻窗外事,一心只读圣贤书"并非没有道理。

望洋兴叹

释义

表示看到人家的伟大才感到自己的渺小。现多比喻做事时因力量、条件不够而达不到目的,感叹无可奈何。

故事

庄子的想象力特别丰富。有一次,他跟弟子们讲了一个关于河神的故事:

秋雨绵绵,滂沱的雨水从山间、田野流入了小溪小河,又从无数条小溪小河汇入了黄河,黄河顿时变得特别宽阔,宽到生活在黄河两岸的农民,彼此都看不清对岸的牛群与马群。

河伯,也就是传说中的掌管黄河的神,因此非常沾沾自喜,以为自己的力量是天下最了不起的。他心想,这世界上还有什么东西能比自己更汹涌澎湃、更波澜壮阔、更气势磅礴呢?

　　河伯兴高采烈地顺着黄河的水流向东奔去,一直奔到了大海的身边。他放眼向大海望去,不禁大吃一惊:只见水连天,天连水,茫茫一片,碧海滔天,根本望不到大海的尽头。于是河伯感到惭愧万分,抬起头来,仰望着大海上空灿烂的太阳,感叹道:"常言说,'一桶水不响,半桶水晃叮当'。我从未见过大海。原以为自己很了不起,如今到了大海身边,才知道大海如此碧波万里,浩瀚无穷。我真是孤陋寡闻啊。"

赏析

　　沧海无边,蓝天无垠。站在大海的身边才能感受到那波澜壮阔、一望无际的浩瀚,仰望苍穹才能看到那无数的繁星、无法丈量的高度。

　　一个人的见识总是有限的,所以在空闲的时候,我们需要多结识一些朋友,聆听他们的言语,用各种知识充实自己的大脑。或回归自然,倾听小鸟的啼鸣,俯瞰河水的轻淌,让满眼的绿色开在心里,逐渐蔓延。不要把自己关在小黑屋子里,成为一只井底之蛙。也不要让固执之见堵塞了头脑,成为一个见识浅薄的人。

尾生抱柱

释义

比喻坚守信约，忠诚不渝。

故事

春秋时，鲁国曲阜有个青年人名叫尾生，他为人正直，乐于助人，和朋友交往很守信用，在乡里受到乡亲们的普遍赞誉。

有一次，住在他家不远的一个亲戚因为家里的醋用完了，来向尾生借，尾生正好家中的醋也用完了，但他并未回绝，而是说："你稍等一下，我里屋还有，我进去拿给你。"

尾生悄悄从后门出去，向邻居借了一坛醋，谎说是自己的，送给了那位亲戚。

孔子知道这件事后，批评尾生为人不老实，有点弄虚作假。但尾生并不把孔子的批评放在心上，他认为帮助别人解决困难是应该的，自己虽然对亲戚说了谎，但出发点是为了帮助亲戚，这无可非议，今后如遇到这种情况，他还会这样做。

过了不久，尾生迁居梁地。他在那儿认识了一位年轻美丽的姑娘。两人一见钟情，私订了婚约，但是姑娘的父母却坚决反对这门亲事。

为了追求幸福的生活，姑娘决定背着父母跟随尾生到曲阜去生活。这天，两人约定在城外的一座木桥边会面，然后到曲阜去。黄昏时分，尾生来到桥上等候。不料，老天突然变脸，霎时间狂风怒吼，雷电交加，一场大雨倾盆而下，没过多久，山洪暴发，直朝尾生所在的那座桥席卷而来。

不一会儿,滔滔的洪水就淹没了桥面,漫过了尾生的膝盖。

尾生在桥上急切地盼望姑娘的到来,但却不见姑娘的踪影,他决心坚守信约,不见姑娘决不离开。洪水越来越大,越漫越高,尾生紧紧地抱住桥柱,还在等待意中人的到来。

到了半夜,风停雨歇,方圆几十里的地方成了一片水乡泽国,尾生却被活活淹死在桥上。

一天后,洪水终于退去。姑娘来到城外,发现紧抱桥柱而死的尾生,不由悲痛欲绝。她抱着尾生号啕大哭,随后纵身跳入河中,为尾生殉情了。

赏析

人无信不立,尾生抱柱,因信而立,即使献出自己的生命也在所不惜。与人相交,诚则长久。所以诚信被人们认为是社交中最可贵的品质。诚信是道路,随着开拓者的脚步延伸;诚信是最美丽的外套,在人的身上绽放光彩。来吧,让我们做一个诚信的人,因为诚信既是帮助我们成长的力量,也是伴随我们一生的财富,有了诚信,我们才能拥有更多的人的信任和尊重。

畏影恶迹

释义

比喻为人愚蠢，不明事理。

故事

有一次，孔子在一个枝叶茂郁的树林里游玩，坐在长着许多杏树的土坛上休息。弟子们在读书，孔子在弹琴吟唱。不久，有一个渔父从船上下来。孔子向渔父请教了一些问题，渔父批评孔子不在其位而谋其政，涉足于世俗社会中的是非好恶，自然不免祸患其身。

孔子听了后感叹不已，并且一再行礼，说："我孔丘两次被驱逐出鲁国，不再到卫国去，在宋国遭到伐树的羞辱，被围困在陈与蔡之间。我不知道自己有何过错，而竟遭到四次羞辱，不知究竟是何原因。"

渔父表现出很悲哀的样子，说："你真是太难觉悟了！有人害怕自己的身影，厌恶自己的足迹，想避开它而跑掉，迈步愈急而足迹愈多，跑得愈快而身影愈不离身，自以为还是跑得太慢，便快跑不停，最后用尽力气而死掉。他不知道停在阴暗的地方就会没有身影，停留在静止状态就能消灭足迹，实在是愚蠢至极！你审查仁义的区别，察明事物异同的界限，观察动静的变化，掌握取舍的尺度，控制好恶的感情，调和喜怒的节度，这些都使你几乎不能避免祸患。谨慎地修养自身，慎重地保持真性，把身外之物归还他人，便没有什么牵累了。"

赏析

一个人的修养都是从现实环境中锻炼出来的,并非生来就有。一个人具有好的道德修养就会用全面的视角看待事物,克服片面的、狭隘的观点,凡事宽容、大气,保持一种积极向上的态度,正确对待人生。

修养通常体现在细节之处,在举手投足之间。所谓行为养成习惯,习惯形成品质,品质决定魅力。我们要想提高自身修养,就应该从身边的小事做起,从细微处着手,从自己的一言一行开始,不断充实自己,努力提高个人综合素质,从而成就自己的美丽人生。

蚊虻(méng)负山

释义

比喻力弱者担当重任,难以令人信服。蚊虻:吸血的昆虫。

故事

战国时期,赵国有一个人叫公孙龙。公孙龙禀性聪明,富于才辩。有一次,公孙龙对魏国公子牟(人称魏牟)说:"我公孙龙从小就学习先王之道,长大后深深懂得仁义的德行。同许多人辩论,对方都理屈词穷,所以我觉得自己达到最通达的境界了。可是听到庄子的言论,我感到茫然

不解。不知道是我辩论的才能不如他呢，还是我的智慧不如他？如今我在庄子面前，都无法开口说话了，特向您请教我该怎么办？"

魏牟听了公孙龙的话，仰天大笑，随后给他讲了一个"坐井观天"的故事，说："井底之蛙，目光短浅，孤陋寡闻而又骄傲自大，这是与生活天地狭小密切相关的。东海大鳖，以海为家，目光远大，这是与它生活在浩瀚的海洋里分不开的。"

接着魏牟又说："公孙龙，你是很聪明，也懂得一些道理。但是，你所懂得的，都是世俗的道理，你现有的智慧还不足以了解是非的究竟，却想观察庄子的至理名言，这就好像叫蚊子背负大山，叫小虫去大河里驰骋，一定是力不胜任的。况且，你的心胸狭窄，知识浅薄，怎能议论庄子那博大精妙的言论呢？你的那一套理论，只可满足口舌上的胜利，追逐一时的名利，这不是井底之蛙，又是什么呢？"

公孙龙听后，十分惭愧，无言以答，悄悄地溜走了。

赏析

视野决定眼光，环境影响命运。决定高飞就要选择蓝天，决定奔跑就要选择平原。无法和他人站在同样的起跑线上，就要思考一下自己是否受到了自身或外界诸多方面的限制。

有的时候并不是我们没有才华，而是我们的才华没有施展之地；有的时候也不是我们不够聪明，而是因为我们遇到了更聪明的人。无论是哪种情况，我们都要选择不断追求，不断学习，不断思考，只有这样，我们才能变得睿智明达。

闻人之过

释义

听说了别人的过错。

故事

春秋时期,齐国有一个非常有才干的人,叫管仲。他辅佐齐桓公称霸诸侯,把齐国治理得很强盛。

后来管仲得了重病,齐桓公前去看望他。齐桓公问管仲:"先生的病这么严重了,将来我能把国事托付给谁呢?"

管仲反问道:"您想托付给谁呢?"

齐桓公想了想,就说:"先生啊,您看鲍叔牙这个人怎么样?"

鲍叔牙是管仲最好的朋友。不料管仲却连连摇头,说:"不行不行。鲍叔牙廉洁奉公,是个好人,但他对于不如自己的人便不愿去亲近,一听到别人的过失便终生难忘。这样的人,让他治理国家,对上将会抗逆君主,对下将会违离民众。我如果推荐他当相国,不但是把他推上火坑,也对不住国家啊!"

于是齐桓公接着问:"那么究竟谁足以托付国事呢?"

管仲轻轻地叹了一口气说:"实在没有人的话,那隰(xí)朋还算可以。他的为人,在上不傲主,爱民不论贵贱。他以未能赶上黄帝而自责,又同情不如自己的人。他以德行感化别人,算是圣人;他以财物济助别人的贫困,算是贤人。他这样的人治理国家,知道对哪些事应听而不闻;治理家庭,知道哪些事应视而不见。"

齐桓公看到管仲荐人不但胸襟开阔,而且又公正廉明,因而听从了他的劝告。在管仲去世后,齐桓公就任命隰朋为齐国的相国。

赏析

我们每个人都有缺点,我们每个人都会犯错。不能看到了一个人的某个缺点就彻底否定他的全部,也不能因为一个人犯了过错就给他的人生打上一个大大的叉。任何人都有自己不擅长的东西,在不擅长的领域,我们会暴露自己的缺点,会犯下这样或那样的错误。因此,我们在面对别人的缺点和过错时,要客观对待,不要轻易否定。同时,我们要及时总结自身经验,扬长避短,避免犯下同样的错误,这样,我们才会不断进步,不断成长。

蜗角虚名

释义

比喻微小而没有作用的名声。

故事

战国时,魏惠王与齐国田侯牟结成联盟,后来田侯牟违背了盟约,魏

惠王非常气愤，打算派人去刺杀田侯牟，以此发泄心头的愤怒。公孙衍听说后对魏惠王说："大王身为一国之君，却采取一般百姓的报复手段，我真替大王感到惭愧。不如给我20万士兵，攻打齐国，活捉他的老百姓，抢走他们的牛羊，使田侯牟一想到此事就浑身冒汗。然后占领他的国家，捉住他，鞭打他的背，折断他的脊梁。"

季子在一旁听了，耻笑说："修筑一道十丈高的城墙，已经筑了十丈，又把它毁坏，岂不是有意劳累百姓吗？魏国有7年不打仗了，这是一件好事，是大王的立国之本。公孙衍这个捣蛋的人，无端挑动战争，大王不要听他的。"

朝廷的这场争论，被惠子知道了，就把一个叫戴晋人的读书人推荐给了魏惠王。戴晋人对魏惠王说："蜗牛的左角上有一个国家叫触氏，右角上有一个国家叫蛮氏。有一次，两国为了争夺地盘而发动战争，双方大战了半个月，死亡了好几万士兵，一时间弄得遍地都是尸体。后来触氏国打胜，乘胜追击，占领了蛮氏国不少的地方。"

魏惠王听后，笑着说："哎，你也太夸张了，世界上哪有这样的事！"

戴晋人解释说："事情虽然有些夸张，但道理是一样的。蜗角两国所争夺的地盘，人类看到的不过是针尖大；同样，人类所争夺的地盘，一个真正得道的人看来，也不过针尖大。他们完全是为了虚名在进行战争！"

赏析

有些时候，我们常常去追求一些蝇头小利，它们看似很有价值，实际却是虚无缥缈。要想做成大事，就不能过于追求眼前利益，必须从大局出发。从大处着眼，综合分析，思考自己真正想要得到的是什么，而不要只图一时虚名，徒劳无功。所以，我们做一件事情的时候要预先分析得失，

看清楚事物的本质，不要为了一些不值得的、短浅的利益毁掉了人生长远的目标。

无何有乡

释义

指一切都不存在的虚空境界。

故事

战国时期，宋国人惠子和庄子展开了一场辩论。在一番激烈的唇枪舌战之后，惠子对庄子说："我有一棵大树，人们称它不樗树。它是不材之木，其树干盘结臃肿而不符合绳墨的要求，其从枝弯弯曲曲也不符合规格。它长在道路之旁，匠人们不屑一顾。而今您说的一番话，大而无用，众人都远离而去了。"庄子并没有生气，而是心平气和地说："您没有见过野猫和黄鼠狼吗？它们趴伏着身子，等待出游的小动物；它们东跳西蹦，不避高低；而往往陷入机关，死于罗网之中，这是由于贪求小利而造成的。再看那些牦牛，其形甚大，从山中远望，如天际之云。它能干一些大事情，只是不能捉老鼠而已。现在您说您有一棵大树，却担心它没有什么用处。既然如此，为什么不把它种在虚无的乡土、广漠的旷野，悠闲自在地徘徊在大树的旁边，怡然自得地睡卧在大树的下面呢？因为没有匠人理睬，它

不会因为受到刀斧的砍伐而夭折，也不会受到什么东西的残害，这样，它没有什么用处，哪里还会招来困苦呢！"

赏析

天下之物，物尽其用；天下之人，人尽其才。无论什么样的人和物都有它的价值，只是各自的价值不同。看似一棵毫不起眼的樗树，木匠们不去砍伐它，但并不代表它没有用处。小草有小草的绿意，鲜花有鲜花的艳丽，没有鲜花的存在，世界失去色彩，没有小草的衬托，鲜花也不再绚烂。不要因为我们只是一棵小草而自卑，更不要因为我们是一朵鲜花就骄傲。

无用之用

释义

比喻评判事物时试着逆向思考，会有不同的结果。

故事

有一天，匠石和弟子在路上看见了一棵充当社神的栎树。匠石对这棵树非常不屑一顾，对弟子说："这是无用的散木，没什么用处，所以才有这么长的寿命，才长成现在这般高大。"

当晚，匠石做了个梦，梦见这棵栎树对他说："你要用什么来和我相比呢？你是想把我跟质地细密的树相比吗？可是你看那些山楂树、梨树、橘树、柚子树以及瓜果之类的，果实熟了就要遭受击打，被击打就落个扭折。大的树枝被折断，小的树枝被扭弯，这对树来说不是蒙受侮辱吗？它们忍受一生的辛苦，非但不能长寿，反而要受世间俗人的打击而中途夭折。世间之物皆因其有用而自讨苦吃！所以长久以来我追求的目标便是无所可用。也曾有几次险些被人砍掉，如今我已经达到了自己的目的，这就是我的用处。还有什么能比这种用处更大的呢？我跟你都是世间之物，为什么你把我视为'散木'这东西呢？你这将要死的'散人'，又懂得什么叫无用之用的'散木'呢！"

匠石惊醒，把梦告诉了他的弟子。弟子说："那栎树只是追求无用的话，何必一定要充当社树呢？"匠石回答说："这我已想明白了，它只是借这个招牌来保全自己罢了。否则，也难免被人砍掉。它保全自己的办法与众不同，如果以常理来评价它，就相差太远了。"

赏析

竹子似乎是看起来最没有用处的植物，因为它不能作为盖房子的栋和梁，也不会开出美丽的花朵，更不能结出美味的果实。其实有很多人就像竹子一样，看起来没有什么突出的才能，平凡得不能再平凡。但是值得我们思考的是，是不是每个人都适合做"栋和梁"，是不是开不出美丽的花朵就代表人生的失败呢？我们反过来想想，竹子做成竹筏可以渡江，竹子做成竹篮可以装满鲜花，我们能用竹笛演奏出美妙的音乐。走向成功的道路有千千万万条，我们不应该用单一的标准去评判有用与无用。

物固自生

释义

指万物本是自然而然的化生。

故事

传说掌管天上云彩的神仙叫云将,他每天都为工作忙忙碌碌;而掌管地面雾气的鸿蒙却很清闲,一天到晚东游西逛,俩人之间互闻大名,却并不相识。

一天,云将来到东方大地,恰好碰见正在游玩的鸿蒙。云将看见一个长着白胡子,浑身都散发着快乐气息的老头儿,想起自己终日的辛苦,不免十分羡慕,问道:"您在做什么呢?"

鸿蒙说:"游玩呀!"

于是云将向老人诉说了自己的苦衷,想请教老人一些天地间的大道理。

鸿蒙听完后扭头就走,只说着:"我不知道!"

云将很丧气,只能回去继续工作。

3年后,辛劳的云将又想起了那个快乐的老人,于是又来到东方寻找。他在宋国的原野遇到了鸿蒙,急忙上前跪拜,希望得到指教。

鸿蒙说:"我怎么会知道呢?我只是随意而游,别无所求啊!"

云将赶忙说:"我也想随意而为啊,但我要约束自己的行为,才能治理百姓,这让我很痛苦。您能给我指点指点吗?"

鸿蒙说:"这都是你治理人的罪过啊!你扰乱了自然的规律,违背了

万物的本性,使它们无法保持天然的宁静。就像驱兽打猎,导致鸟兽夜鸣、草木遭殃、灾祸甚至都殃及昆虫。"

云将惶恐地说:"那我该怎么办呢?"

鸿蒙说:"你只需顺应自然的规律,让万物能自由地生长就可以了。"

赏析

世界是生命万物的综合体,任何事物都有其发展生息的规律,这种自然规律不能人为地违背,而只能去适应和维护,一旦破坏了现有的规律,就会扰乱正常的生命活动。

正如同人都有七情六欲,喜怒哀乐是人之常情。当一个人情绪低落时,如果硬要逼迫自己情绪好起来,也可能适得其反,使自己陷入更加痛苦更加煎熬的状态之中。与其这样,倒不如顺其自然,坦然接受不好的情绪,让不好的情绪自然而然地消失,这样心情自然会好转。

相濡以沫

释义

鱼在缺水的地方吐沫互相润湿身体。比喻同在困难的处境里互相帮助。

故事

有一天,庄子的一个弟子问庄子的生死观。庄子说:"生与死,是不可避免的生命活动;它好像昼夜的不停运行,是自然的规律。人是无法干预的,这都符合事物变化之情理。人皆以'天'为生父,而且爱戴它,更何况派生天地的大道呢!世人认为国君的才智、地位超过自己,而愿意为其效忠,更何况主宰万物的大道呢!"

接着,庄子用了一个贴切的比喻来形容:"泉水枯竭了,鱼相互挤在陆地上,用呼吸的湿气相互滋润,用唾沫相互沾湿,与其如此,它们倒宁愿回到江湖里,把彼此都忘记。与其赞誉尧而非议桀,不如把他们的善恶是非都忘掉而与大道化而为一。"

最后,庄子说:"天地赋予我形体让我有所寄托,给了我生命使我勤劳,用衰老来让我安逸,又用死亡来让我安息。所以,把我的出生视为好事,就应该把我的死亡也视为好事。"

庄子的那个弟子听了这番话,才认识到生死是自然规律,就像白天黑夜交替一样,不是人们主观意愿所能改变的。

赏析

在人生旅途中,我们不可能时时都处于顺境,在有些时候我们会遭遇困境,由于我们的个人能力有限,对于摆在眼前的困难,我们往往显得力不从心。在这个时候,我们不必灰心丧气,更不能怨天尤人。因为我们身边会有和自己拥有一样遭遇的人,他们或许正处于同样的困境。与其一个人独自面对困难而发愁,不如大家紧紧地团结在一起,互帮互助,携手共进。这样战胜困难的希望要大得多。学会团结他人,学会帮助他人,学会接受他人的帮助,这样我们才不会被困难吓倒,才能勇往直前。

心如死灰

释义

原指心境淡漠,毫无情感。形容意志消沉,态度冷漠到极点。

故事

战国时代,有一个人叫子綦。因为他居住在城郭南端,所以人们称之为南郭子綦。据说他是一位德行高洁的得道之士。

有一天,南郭子綦在家无事,就靠着案几静坐。他意守丹田,仰天呼吸,一会儿就扫除了各种杂念,渐渐地物我皆忘,达到了天人合一的境地,

只剩下弟子颜成子游在一旁静候。

一个时辰过去了，弟子见先生仍然像呆木头一样一动不动，眼睛虽然睁着，但直瞪瞪的连眼珠子都不转一下。这模样很是吓人，子游不免有些担心，就把头凑了过去，放高声音说："先生，先生，您今天怎么了？您怎么坐了这么久都没有一点儿动静？难道人的形体本来可以像一根枯木头，而内心本来可以不起一点儿波澜吗？以前我也见过您静坐，可没有像今天这样子呀。"

听见了弟子的询问，南郭子綦举起双手伸了个懒腰，才从高度忘我的境界中醒了过来。

赏析

学习知识，成就事业，都离不开坚持。有毅力的人意志坚定、百折不挠，这也是成功者必备的素质。只有始终保持坚定的信念和勃勃之气，才有着追赶和超越的机会；反之，则会错失发展的良机。在我们前进的道路上充满各种困难和挑战，面临同样的难题，只要我们拥有恒心，坚持不懈，积极寻求解决的方法，就会克服困难；而意志消沉者，则会唉声叹气，想的只是如何逃避。我们要做前者，不管遇到什么困难，都要斗志高昂，勇往直前。

心斋

释义

心斋，就是空虚的心境，即超越功利的审美心境、审美态度。

故事

一天，孔子和弟子颜回针对颜回想去卫国施展才能的问题展开了讨论。颜回认为自己去到卫国可以帮助卫国的国君治理好国家，但是孔子却不那样认为。最后，颜回说："我没有别的办法了，请问先生的高见。"孔子回答说："你先斋戒，我再告诉你，你有心去帮助卫国的国君，但这岂是容易之事？如果你认为这是容易的，那就不符合常理了。"

颜回辩解道："我们家这么贫穷，已经好几个月没有饮酒吃肉了，难道这样还不算是斋戒吗？"

孔子告诉颜回："这只是祭祀中要求的斋戒，并不是心斋。"

颜回向老师虚心求教："那什么才是心斋呢？"

孔子说："专一你的心志，不要用耳去听，要用心去听。更进一步的话，不要用心去听，要用气去听。耳的作用是听取外物，心的作用是符合外物，而'气'这个东西，才能够以无形之体容纳万物。只有达到空明的虚境才能容纳道的聚集，这空明的虚境就是心斋。"

赏析

生活在世俗之中，每个人很难做到完全撇开世俗去看待外物，我们的

内心之中总是夹带着"功利"二字。这样的人生旅途其实很累，因为我们的内心已经不再单纯，我们的肩上背负了很多不必要的行囊，试问如何能够轻松前行呢？当我们能够放下这些东西的时候，以一颗简单的心去看待事物，那样我们才能够看得更清楚、更透彻，我们的内心也会感觉到舒适和惬意。所以，我们要学会卸下心中不必要的包袱，轻装上阵，这样我们才能够意志坚定地迈向远方。

虚与委蛇（yí）

释义

指对人虚情假意，敷衍应酬。委蛇：随便应顺。

故事

郑国有一个神巫叫季咸，能够预测人的生死和祸福，只要是他预言的，都能如期发生。所以郑国人都躲着他，害怕知道自己的凶日。有一天，列子遇见了他，被他的神算所折服，回去之后就对自己的老师壶子说："我还以为先生的道术最高明了，没想到还有更高深的。"

壶子并没有不高兴，而是很冷静地回答说："我教授你的都是一些外在的东西，还没有展现道的实质。你明天把季咸带来，让他看看我的相。"

第二天，列子带着季咸来见壶子。季咸看了壶子的相之后，有些悲伤

地对列子说："你的先生快要死了，不过十来天的样子，他的脸色毫无生机。"列子听完之后，满眼泪水地进屋把季咸说的话告诉了老师。壶子说："刚才我给他看的是大地般的沉静，茫然无迹。你让他明天再来看看。"

第三天，季咸在看过了壶子的相之后，高兴地对列子说："你的老师幸亏遇上了我，他就要痊愈了。"列子把这番话告诉了老师。壶子说："我给他看的是天地间的一丝天机，名利不入于心。你让他明天再来看看。"

第四天，季咸看过相之后对列子说："你的先生神情恍惚不定，我无法给他相面。等他心神安宁的时候，我再给他看相吧。"列子进屋之后，把季咸的话告诉了壶子。壶子说："我给他看的是无迹可寻的太虚境界。你让他明天再来看看。"

第五天，季咸和列子来到壶子这里。季咸一看见壶子，就惊慌地跑了。列子追了出去，但是没有追上他。列子回来之后，壶子告诉他："刚才我给季咸看的并不是我的根本大道，我不过是和他随意应变，他分不清彼此，好像随波逐流一样，只能逃走了。"

赏析

现代社会，名利场上，人与人之间存在很多虚情假意，我们或许会发现似乎难以交到真心朋友。人们总是在感慨他人随意敷衍自己的同时，也在虚伪地应付他人，这是由此及彼的恶性循环。或许在一些不得已的场合，人们需要一些阿谀奉承，但是如果我们以这样的态度去面对自己的亲人、朋友、老师和同学，那势必会造成众叛亲离的下场。人与人之间，还是贵在真诚，虚伪只会让你成为孤单的个体。如果对亲朋好友都真诚以待，那么我们就会得到更多的支持和爱。

学富五车

释义

指读过的书可以装满好多辆车。形容读书多,学问渊博。

故事

惠子是战国时诸子百家中名家的代表人物,被称为惠子。

有一天,惠子得到魏国相国死了的消息,便急匆匆前往魏国,准备毛遂自荐。

半路上,他遇到了一条大河,便乘上一只渡船。他因为焦急不安,一个不小心,跌入河中。

艄公忙把他救上船来,问道:"你看上去十分焦急,大概有什么十分重要的事情要办吧!"

"魏国的相国死了,我准备到魏国去向魏王自荐,由我来当魏相。"惠子说。

艄公听了之后,笑了起来,说:"瞧你这副模样,连船也坐不稳,怎么能有资格去当什么相国呢?"

"坐船,我当然不如你!但我腹中有五车藏书,怎么治理国家,怎么安定社会,那我比你懂得多了!坐不稳船又有什么关系呢?"惠子回答说。

几天后,惠子到了魏国。他的能言善辩、远见卓识得到了魏王的赏识,魏王果真任命他当了魏国的相国。惠子当了魏相后,提出联合齐国、楚国,发展生产、安定国家的主张,也被魏王所采纳。

惠子的老朋友庄子很佩服惠子的才华,他曾经写文章称誉惠子,说"惠子多方,其书五车。"

赏析

知识是擦亮心灵的清洗剂,是增长智慧的催化剂。它有一双隐形的翅膀,只有在你需要的时候才会发挥它的力量。

所以,不要轻易否定知识的力量,当你学富五车,并能将这些知识灵活运用出来,小可以修身,中可以治国,大可以平天下。古代的书生虽然手无缚鸡之力,却可以扭转乾坤,改写历史。我们现在虽然还是一棵幼苗,但只要吸取了足够多的知识养料,今后一定能够长成参天大树,成为社会栋梁之才。

摇唇鼓舌

释义

指利用口才大发歪论,蛊惑人心,或四处煽动,拨弄是非;也指卖弄口才。

故事

有一天,孔子对好友柳下惠说:"做父亲的,一定能够教训自己的儿子;做哥哥的,一定能开导自己的弟弟。如果父亲不能教育好儿子,哥哥不能教导好弟弟,那么,父子之间、兄弟之间的血肉关系就不值得珍惜了。如今,您是世上的贤能之人,而您的弟弟盗跖成为天下的公害,您却不能教育他,我为您感到耻辱。我想替您去开导他。"

柳下惠说:"先生说为父者一定能训示儿子,为兄者一定能教育弟弟,但是,如果儿子不听父亲的训示,弟弟不受哥哥的教育,即使您今天讲了一大堆道理,可是又有什么办法呢? 况且,盗跖的思想活跃,令人捉摸不定,他很强悍,足以抗拒劲敌;又能言善辩,足以掩饰自己的过失。您迎合他的心意,他就高兴;您违背了他的想法,他就发怒,动不动就用言语侮辱您。所以我奉劝先生,您一定不要去啊! "

孔子不肯听从柳下惠的劝告,命颜回驾车,子贡在车后陪乘,去见盗跖。这时,盗跖正带领随从在大山的南坡上休息。孔子下了车,拜见盗跖手下的传达者,说:"鲁人孔丘,听说盗跖将军德高义重,特来拜见。"

传达者进去通报给盗跖,盗跖听后怒发冲冠,说:"这个老东西是鲁国

的伪人孔丘吧？替我转告他几句话：你花言巧语，用文武之道做幌子，带着浮华雕饰的帽子，好像树枝一样；系着用牛皮做成的大革带；多嘴滑舌，乱说一通；不耕田却吃得饱饱的，不织布却穿着美美的；摇动嘴唇，鼓动舌头，随意拨弄是非，欺骗天下的君主；使天下的学士舍本逐末，追求什么孝悌之道而希望升官发财。你孔丘恶大罪重，赶快给我滚回去！不然，我就杀了你！"

赏析

逞一时之气说别人坏话，虽然当时很痛快，发泄了心中的不满，可是说过之后对自己不会有任何好处。别人有了过失，不要幸灾乐祸，更不要以诽谤他人为乐趣。总是东家长西家短地评说，只会让人产生厌恶心理。那些喜欢损人利己的人，最终得到的都是遭人唾弃的恶名。

在生活中，我们要多谅解他人，在别人遇到困难的时候给予帮助，多站在他人的角度看待问题，不要搬弄是非，要心存善念，做一个广受欢迎的人。

曳尾涂中

释义

拖着尾巴在泥巴里爬。比喻在污浊的环境里苟且偷生。

故事

有一段时间,庄子天天在濮水边上钓鱼。这件事被楚威王知道了,便派了两位大夫前往濮水,去请庄子出来做官。

两位大夫来到濮水时,已是红日西沉,濮水之上,映着一抹余晖,景色十分优美,犹如神话境地。河边上坐着一人,穿着宽大的衣服,手持一根钓竿,凝神静气,注视着河面。四周静得出奇。两位大夫跳下马车,却没有立刻走过去,默默地注视着河边,又互相对视了一眼。大夫甲叹了一口气说:"隐士的生活果然令人羡慕,这庄子于此情此景之中,真仿佛成了神仙了。"

过了一会儿,俩人来到庄子身边。庄子依然凝神注视着河面,似乎根本没有发觉旁边来了人。两位大夫一起叫了声:"先生!"庄子微微点了点头,算是回答。大夫乙说:"我们大王想以国境之内的事情来麻烦您。"庄子手中依旧拿着钓竿,头也不回地说:"我听说楚国有一只神龟,死了已经三千年了。楚王用佩巾包着它,盛在竹器里,供在庙堂上。你们说,这只神龟,它是宁愿死后留骨而获得尊贵的地位,还是宁愿活着拖着尾巴在泥巴里爬?"两位大夫想也不想地说:"那当然是宁愿活着,拖着尾巴在泥巴里爬!"庄子说:"请你们回去吧!我就是要拖着尾巴在泥巴里爬!"两位大夫顿时愣住,呆呆地站了一会儿,却又无可奈何,只

好默默地回去了。

赏析

很多时候,自由远远比困顿在一方小天地里要惬意舒适得多。就像养在深闺中的金丝雀,虽然每天不用去劳心费力地寻找食物,但是它们并不会快乐。因为它们被锁笼中,失去了可以翱翔蓝天的自由。

我们不必为了追逐名利而抛弃自由,人生的意义不在于追逐名利和权贵。保持一颗纯真的心,心无旁骛地学习知识,这才是我们现在所要做的。

贻笑大方

释义

指为识者嗤笑。大方:原指懂得大道的人,后泛指见识广博或有专长的人。

故事

秋天来了,阴雨连绵,大大小小的溪流、小河都汇聚到大河里去,因而,大河的水开始暴涨,隔岸相望,已分不清对岸的牛和马。

河伯得意洋洋，以为他是天下最完美、最令人羡慕的神了。于是，他顺流而下，趾高气扬地到处游荡。可是，当他到达北海的时候，向东一看，只见那浩渺无垠的大海和天空连成了一片，滚滚而来的波涛声震耳欲聋。

这时，他才感到自己实在太自大了，便叹息着对海神说："俗话说，'懂得了一点道理就以为比别人都强'，说的正是我这样的人啊！现在，我看到您这样浩大，这样无边无际，才发觉自己的渺小。如果见不到您的伟大，对我来说，那实在是莫大的损失，是太危险了。那样，我还得意洋洋，自以为是，一定会被得道的人笑话了。"

赏析

很多时候我们都当着井底之蛙，看着头上的一方天地，便以为是整个世界。我们总是以自己的见识来评判他人，评判社会，误认为世界就如自己了解的那么浅薄。实际上世界之大，已经远远超过了我们的想象。有些人自以为博闻广识，其实只是略懂皮毛而已，最可悲的是往往还在众人面前卖弄。实际上在他们到处炫耀的时候，他们已经成了那些懂得大道理的人所鄙视的对象了。鉴于此，我们一定要谦虚谨慎，避免贻笑大方。

以火救火

释义

用火来救火灾。比喻危险或恶行非但不能制止，反而助长其势。

故事

孔子的得意门生颜回去向孔子辞行。孔子问他上哪儿去，他说准备到卫国去。颜回解释说："我听说卫国的国君很年轻，他的作风却很糟糕。他滥用自己的权力，不顾百姓的死活，而没有人指出他的过错，更没有人帮助他处理好国家大事。我想本着治病救人的精神，去给他当个'医生'！"

孔子听了颜回的话，不禁冷笑一声，说道："嘿，你这不是去送死吗？试想，如果那位国君肯听贤臣的忠言，那么何必要你去呢，他那里难道就没有贤臣吗？他一定是专听奸臣的谗言，排斥善良，压制正派，所以没有人敢谏劝他。你去了之后，恐怕也只能一味顺从他，否则他周围的那一伙人，就会打击你，迫害你，甚至还会杀死你，所以，你还是不去为好。再说，你去了之后，如果不能劝他改正错误，而一味顺从，那就等于同意他作恶，使一个暴君的行为又得到多一个人的默许和支持。这不就是用火去救火、用水去救水，怎么救得了呢，只能是越救越严重罢了！"

颜回听了孔子的话，认为言之有理，因此没有到卫国去。

赏析

·很多事情并没有我们想得那么简单。给你一张寻宝图，不一定就能

寻得宝藏。因为沙漠和森林会让你迷失方向，又或者，根本就没有宝藏。所以，很多事如果我们盲目去做，是注定要失败的。

要想做好一件事，就要预先分析可能出现的状况，然后找出正确的解决方法。如果前方是布满荆棘的沼泽地，是看似平静却暗流涌动的海洋，我们就不能硬闯，而要换一条正确的道路，只有采取科学的处理方法，我们才能走得更远，最终抵达人生目标。

亦步亦趋

释义

别人慢走跟着慢走，别人快走也跟着快走。比喻没有主见或为了讨好，事事追随或模仿别人。

故事

孔子有一个得意弟子，名字叫做颜渊，他一直追随在孔子身边。

有一次，颜渊对孔子说："先生啊，您慢走，我也慢走；您急走，我也急走；您快跑，我也快跑。但是，先生您如果一溜烟儿跑得不见人影了，那我就只好落在后面干瞪眼了。"

孔子不明白，就问："颜渊，你说这话是什么意思啊？"

颜渊解释道："先生慢走我也慢走，是说先生发议论，我也跟着发议

论;先生急走我也急走,是说先生同人辩论,我也跟着同人辩论;先生快跑我也快跑,是说先生阐述古圣先贤之道,我也跟着阐述古圣先贤之道;先生一溜烟儿跑得不见人影了,我在后面干瞪眼,是比喻有时因为您根本不用开口就能使人信服,没有亲近人就使人亲近,没有表露就使人向往,这一点我就无法学习了,只好瞪着眼不知所以了。"

孔子听了后,非常失望地说:"最大的悲哀莫过于心死,身体的死亡还是其次。太阳从东方升起而落在西方,有生命的万物都是这样完成它们的一个循环。它出现了,就是生存,归去了,就是死亡。我跟你相交,亲密无间,你却不能真正地了解我,能不令我悲哀吗?因为你所注意的,只是我表现出来的东西,它们已经消失了,你还要寻求它,以为它们还存在,却不知道我还会有使你忘不掉的东西存在。"

颜渊听了之后,深受启发。

赏析

不是每一个人都敢做"第一个吃螃蟹的人",大多数人还是喜欢跟在他人后面,当别人实践成功之后才敢尝试,如果别人失败,自己也暗自庆幸。不得不说,照着成功者的方法去做风险总是会降到最低,但是任何事情都是有利有弊的,风险小的同时它的创新也就少了,也就不会再有突破。

作为学生来说,如果仅仅学习课本上的知识,而不懂得融会贯通、举一反三、活学活用,只是一味模仿和抄袭的话,那么我们在人生的试卷上就很难得到高分,我们学到的知识,也会变得没有意义。

一狙搏击

释义

比喻卖弄聪明，恃才自傲，必然招致祸患。

故事

吴王泛舟于长江，登上猕猴山去游玩。群猴见到他，惊慌地逃走，跑到了荆棘丛林深处。但是，有一只猴子，跳来蹦去，向吴王显示它的灵巧。吴王用箭射它，它敏捷地接住箭。吴王发怒了，命令手下人一齐发箭射它，这只猴子终于被射死了。

这时候，吴王回头对他的朋友颜不疑说："这只猴子夸耀它的灵巧，依仗它的敏捷，对我非常傲慢，以致遭到如此下场。应当引以为戒啊！千万不要在别人面前炫耀自己！"

颜不疑回去之后，便拜董梧为师，以改变自己的骄傲之态，摒弃奢淫的生活，放弃荣华富贵，3年之后国人都称赞他。

赏析

真正聪明的人从来不夸自己有多聪明，可是旁人能从他的言行中看出他的智慧；相反的，愚笨的人生怕别人不知道自己的才干，而竭尽全力地向人展示自己并不出众的才智，卖弄自己的小聪明。殊不知，这样即使别人看到了你所具有的才能，也并不一定会欣赏你，因为你所展示出来的"光芒"会让人感觉刺眼。为什么大家总会说"大智若愚"呢？因为真正的

智者不会到处炫耀,表面总是给人以愚笨的印象,而到了真正需要他的时候,他才会施展出所拥有的智慧和力量。

游方之外

释义

比喻超脱尘世,做事不拘于世俗礼节。

故事

子桑户、孟子反与子琴张仁人是亲密无间的好朋友。他们志向、心境与见解完全一致,因而成了心心相印的道义之交。他们曾经不约而同地表白自己的心意:看谁能够相交于无心无肺,相助于无所作为。看谁能升腾于天上,超然万物之外,遨游于太虚之境,忘掉生死,无始无终。

不久之后,子桑户死了。孔子听说了,便派学生子贡前去帮助料理后事。

子贡来到子桑户的家中,看到孟子反和子琴张一个在编曲,一个在弹琴,二人相和着唱道:"哎呀桑户,你已经返璞归真了,我们还寄寓在人间。"子贡看到这两个人的样子,很是气愤,大声喝道:"住口,临丧而哭,才合乎礼仪。你们这样对着死尸大弹大唱,太不像话了!"谁知二人相互看了看,笑着说:"你这种说法哪里懂得礼的真意?"

丧事办完,子贡回去禀告孔子,气呼呼地说:"这些人怎么能把人的形体置之度外,面对着尸体放声歌唱,面不改色心不哀伤,简直无法用言语来描绘他们。真是无礼之至!"

孔子感慨道:"他们是生活在尘世外的人,而我却是生活在尘世内的人呀!我们之间本来是难以交往的,而我却派你去帮助他们料理丧事,这是我太浅薄了。这些人的心境早与自然融为一体,他们认为躯体是多余的外壳。生和死都一样,只要内心境界逍遥自在就好,又怎么会遵守世俗礼节呢?"

赏析

因为在乎,所以担心;因为害怕,所以小心。对于世俗中的人,因为大家都恪守世俗中的礼仪规则,所以无法解放自己的思想,只能按照世俗中的礼仪办事,认为有人去世就应该伤心痛哭,应该沉痛吊唁而不是弹琴而歌。但对于那些超然于世之人,他们已经脱离了世俗的羁绊,不会拘泥于礼节,所以会更潇洒,更自由。

与时俱化

释义

指随着时间的推移一起变化。

故事

一天,庄子和弟子在山村里遇到了樵夫和仆人,他们分别以树木的成材和鹅的无才为标准,挑选了要砍伐的树木和要下厨的鹅。

第二天,一个弟子忍不住问:"老师,昨天在山中看见那棵树,因为没有用处而得以保住生命;可主人家的那只鹅,却因为没有用处而被煮食。看来有用和无用都难以避免祸患,请问先生究竟该做有用的人还是做无用之人呢?"

庄子听了,笑着说:"那就应该处在有用与无用之间,乘着自然而然的大道自由自在地漫游,无所谓荣誉也无所谓耻辱,随着时间的变化而变化,绝不做一成不变的事情;以自然和谐为标准就像是来到万物的发源地一样。这样一来,就能纵览事物的起伏和变化,也就能驾驭事物的起伏和变化,而不受事物发展变化的左右。做到了这一点,怎么还会有牵累呢?你们一定要牢牢记住,只有顺从自然而然的大道,才能在随着事物的变化而变化中保持自身。"

这个弟子听了庄子的一番高论后,深深感到人要时时刻刻随环境的变化而不断调整自己,才能始终立于不败之地。

赏析

生活中,我们常常会说到"代沟"这个词,代沟通常是指不同年龄层的人因思想观念上的差距造成的心理距离,其中尤以两代人之间差异最多。我们和父母那一辈人,总是会因为对事物的不同理解而产生矛盾,原因是两代人的生长环境和时代背景不同。当今社会发展得越来越快,代沟的存在也变得越来越明显。随着历史的车轮不断向前,作为新生代的我们,是否更应该与时俱进,紧跟时代的步伐,不断地学习新知识,不断地提升自己呢?

元君夜梦

释义

通过宋元君梦见神龟求救之后发生的事情,说明人或者神都不可能依靠神灵去实现自己的意愿。

故事

从前一个国王叫宋元君。有一天晚上,宋元君半夜里做梦,梦见有一个人披头散发的在侧门探头探脑。于是,宋元君就让他进来。这个人一进来,就对宋元君说:"我是从深水潭里游来的,作为清江水神的使者到河

伯那儿去,想不到,我在半路上被一个名字叫余且的渔人捕获了,求求大王您发发善心,叫余且放了我吧!"

宋元君一惊,就醒来了。于是,他找到占卜的人,来帮他解这个梦。占卜的人说:"大王,这托梦的是一只神龟,它如今遇到了麻烦。"

宋元君又连忙问大臣:"渔民中有个叫余且的吗?"

大臣一查户口簿,说:"有。"

宋元君说:"赶快叫余且到朝廷来。"

第二天,余且忐忑不安地来见宋元君。宋元君问他:"余且啊,你最近打鱼,捕获了什么没有?"

余且据实回答说:"我捕到了一只白龟,它足足有五尺多长,这样的大龟真是少见呢! 我正打算把它献给大王。"

宋元君听完高兴地说:"快点,快点! 你立刻把白龟献上来!"

白龟献上来后,宋元君既想杀掉它,又想放了它,心中犹豫不决,就请人占卜测问。占卜的人就说:"还是杀了好! 杀了它,用它的龟甲来占卜,最吉利。"

于是,宋元君就下令把白龟杀了。果然,用龟甲占卜了72次,没有一次不灵验的。

赏析

每个人都会做梦,人们往往理解为"日有所思夜有所梦",然而梦中的境象并非都是由现实而来,更多的是一些虚幻的假象,是在人们睡梦迷离之际产生的幻觉。所以,我们不必迷信一些解梦的说法,不要让梦境左右了我们的思想。活在梦境中的人是无法在现实生活中很好地生存下去的。梦境再美,也是会醒的。从真实的客观情况出发,通过不懈努力,我们总会有实现美梦的一天。

悦生恶死

释义

指贪恋生存，畏惧死亡。

故事

叶公子高将要出使齐国，临行之前，他特意去向孔子告别。

叶公子高对孔子说："楚王交给我一个极为重大的使命，他让我出使齐国。"

孔子回答道："这是好事啊，去展示你的才能吧。"

叶公子高面露难色地说："齐国对待外国使者虽然表面上恭恭敬敬，但实际上推脱怠慢。我有点害怕面对他们。我记得您曾经跟我说过：'凡事不分大小，很少有不靠道术而成功解决的。如果事情办不成，肯定受到君王的惩罚；但如果事情办成了，又会在阴阳失调的状况下招来疾患。要想不论事情成功与否都不会遭到祸患，只有大德之人才能做到。'现在，我还没有出发就因为悲喜交加、阴阳失调患上病了，一旦事情办不好，君王肯定会严惩我。我有些承受不住了，请您传授我一些避灾之法吧。"

孔子沉默了一会儿，说："天下有两个足以为戒的大法：一个是自然的天命，一个是做人的道义。儿女敬爱父母，这是天命，永远不能从心中解除；臣子侍奉国君，这是臣子应尽的责任，这是无法逃避的。儿女孝敬父母，无论在什么情况下，都要使老人舒适，这就是最大的孝心；臣子侍奉君主，无论做什么事情，都要顺从君主的旨意，这是最大的忠心。自己修养

生性,不管哀乐都不会改变原来的心境,知道某些事情的发展无法预料却仍然安心去做,这就是道德修养的最高境界。作为一个臣子,本来就有一些事情是不得已而做的。只要按实情去办事,置自身于不顾,哪里还会产生贪生怕死的想法呢?你尽管去做就可以了。"

听完孔子的教诲,叶公子高终于放下了心里的包袱。

赏析

蝼蚁尚且偷生,何况是人呢?求生是动物的天性。在险境面前,如果我们放弃求生的本能和欲望,无疑是不太可能的。但是,在现实生活中,如果我们过于贪恋生存,畏惧死亡,使得自己的人生停滞不前,那无疑也是愚蠢的。

生命的坚韧在于它并不畏惧死亡,岁月的长河会把我们的生命冲刷得熠熠闪光。过分的忧虑,不良的情绪,会严重影响我们的心理,在前进的道路上,我们会感觉举步维艰。只有抛开这些杂念,安心地做好每一件应该做的事情,那么成功也在前方向我们招手了。

越俎(zǔ)代庖

释义

比喻超过自己的职务范围包办别人的事情。俎：盛祭品的礼器。

故事

从前，有一位杰出的领袖叫尧，在他的领导下，人民安居乐业。在他逐渐变老时，他考虑找一个有德才的君位继承人。当时百姓都在称颂一个名叫许由的隐士，说他德才兼备、温良谦虚、为人厚道，具备了一个圣贤应有的品质。尧听说后，就想找许由来继承君位。

尧找到许由，对他说："我与先生相比，先生是天上的太阳，而我只能是地上的一个火把。现在，太阳普照天下，还要火把放出耀眼的光芒，不是太难为它了吗？先生是天上及时降下的甘霖，滋润了大地的农作物，而我只像沟渠的水流。现在甘霖浇遍了大地，沟渠的水流再去浇灌，不是徒劳无功吗？如果由先生来治理天下，必然天下太平，百姓富足。而我这个远不及您的人还占着这个位子，觉得惭愧，请您接受我将君位让给您的请求。"

许由不肯答应，说："您把天下已经治理得很好了，我如果再来代替您，不是沽名钓誉吗？我现在逍遥自在，要那些虚名干什么？小鸟筑巢，一根树枝就足够了；鼹（yǎn）鼠喝水，最多撑饱自己的肚皮。天下于我何用？厨师不做应该由他来做祭祀用的饭菜，难道要主管祭祀的人来替他下厨房做菜吗？"

许由这么一说，尧知道他并不追求功名，无法再劝说下去，只好叹息着离开了。

赏析

　　人的精力在一生中是相当有限的,没有谁能够做到精通三百六十行。试想一下,让一个教书育人的老师去当屠夫,他不一定能胜任;让菜市场里得心应手的小贩去当管理者,他未必能使人信服。不同的领域应该有不同的人才掌控,如果跨越了行业界限,超出了自己的业务范围,非但不能促进事情的成功,还可能画蛇添足,适得其反。我们在自己最擅长的领域里尽全力发挥自己的能量,就是对社会最大的贡献。

臧谷亡羊

释义

比喻所做的事虽不同,却形成同样的结果。

故事

春秋时期,有一个财主养了许多羊,于是雇了臧、谷两个人给他牧羊。臧、谷同年出生,臧喜欢读书,谷喜欢玩赌博的游戏。

一天早上,臧、谷各自赶着几只羊出去放牧,臧的手中拿着一根鞭子,怀中藏着一本平时最爱看的书;谷把鞭子插在腰间,两手不停地玩着几颗骰子。两人把羊赶到山脚下一块绿油油的草地上,羊儿们便在草地上自由自在地吃起草来。臧放下鞭子,坐在一块大青石旁,拿出书看了起来;而谷找到了光滑平整的山石,拿出骰子来一个人掷着玩。

臧看书看得入了迷,忘记了羊;谷掷骰子也掷得入了迷,忘记了羊。时间过得很快,那些羊吃饱了青草,毫无目的地朝远处跑去,消失在山间的岔路上。等到日落西山,臧和谷想赶羊回去的时候,才发现草地上连一只羊也没有了。

俩人在山中找到黄昏也没有见到羊的踪影。他们垂头丧气地回到庄里,财主听说他们竟把羊弄丢了,气得大发雷霆,当天就把两人一起打发走了。

赏析

在生活中我们会遇见各种各样的事情,在事前和事后的思考无疑能

够帮助自己收获良多。我们在做事的时候，要预先考虑我们做这件事情的终极目标，我们的任何行为都是为了实现这个目标所作出的努力。无论是"看书"还是"玩骰子"都和"放羊"这件事情背道而驰，这时我们的入迷和用心，都不会得到好的结果。

如果目标和任务不明确，方法和途径不对，只会白白浪费时间和精力。

朝三暮四

释义

原指玩弄手段欺骗人。后用来形容思想、言行变化不定，反复无常。

故事

战国的时候，宋国有一位老年人，非常喜欢养猴子，家里养了好大一群猴子，整天跟前跟后，围着他转悠，同他闹着玩，就像他的孩子一样。所以，左邻右舍都称他为"狙（jū，古书里指猴子）公"。狙公很会揣摩猴子的心理，猴子也似乎听得懂狙公的话，他们和和睦睦地生活在一起，十分快乐。

狙公的家境并不太好，口粮也不多，而猴子们吃东西时总是狼吞虎咽，一个比一个胃口大。狙公宁愿自己勒紧裤腰带，也不忍心让猴子们饿

着。就这样,斗里吃完了,吃瓮里的;瓮里吃光了,吃罐里的……眼看一个个都底朝天了,这可怎么办呢?

狙公犯了愁,想来想去只有忍痛减少猴子们的粮食了。但他又担心猴子们不乐意,就哄骗它们说:"以后给你们吃橡栗,早上三升,晚上四升。够吃了吗?"猴子们听说早上只吃三升,都生气了,"吱吱"乱叫,上蹿下跳,有的去抓狙公的手指,有的去拽狙公的胡子,有的去挠狙公的痒痒,弄得狙公哭笑不得。

狙公琢磨了好一会儿,突然灵机一动有了主意。他和颜悦色地对猴子们说:"好了,好了,别吵啦,我改正还不行吗?以后,给你们吃橡栗,干脆早上四升,晚上三升算了,这样总可以了吧!"说完,还亲切地拍了拍一只小猴子的脑袋。

猴子们一听,早上增加了一升,都非常满意,摇头摆尾,好不开心。狙公看着这情景,也捋着长胡子高兴地笑了。

赏析

人的情绪总是很善变的,就像夏日里万里无云的天空可能突然间大雨倾盆。情绪的波动可能是受到了外界的影响,但是做事情我们却不能这样阴晴不定、时好时坏。每个人做事情都应该有自己的原则,如果万事都随心所欲,反复无常,永远也做不成大事。我们应该清楚什么事情该做,该用什么方法做。朝三暮四是很难找到正确的人生方向的,这样善变的思想和言行只会带给你更大的迷茫。

朝菌蟪蛄

释义

比喻生命短暂。

故事

有一天，商汤王与夏棘在讨论上下四方有没有边际的问题，夏棘就讲了这样一个故事：

在什么也不生长的边远的北方，有一片辽阔的大海，那是天然形成的大池。大池里有一种鱼，它的身宽足有几千里，这种鱼的名字叫做鲲。有一种鸟，名叫鹏，它的脊背像高大的泰山，羽翼像遮天的乌云，搏击长空，盘旋而上，高达九万里。它驾着云气，背负青天，而后向南海飞去。

池泽中的小雀看到了以后就讥笑大鹏说："它是往哪里飞呢？我们腾地一下就飞起来了，大不了飞上几丈高就下来，在蒿草里飞来飞去，这也算是飞翔的极限了！而它还想飞到哪里去呢？"

讲完这个故事，夏棘感慨道："朝菌不知道昼夜的交替，蟪蛄不知道春夏秋冬四季的变化，这都是因为寿命短暂的缘故。才智小的不了解才智大的，寿命短的不了解寿命长的。"

商汤王听了这个故事后，大受启发。他深有感悟地说："朝菌和蟪蛄这些小虫生命很短暂，当然见识短浅，只有跳出自身的局限，才能看清道的真相。"

赏析

我们短短的人生之中有很多局限性,可能很多目标一辈子都难以追寻到,可能很多理想用一生的时间都未必达成。我们总是习惯从自己的角度去看问题,总是跳不出自己给自己设定的条条框框。而在现实社会中,只有跳出自身的高度,才能发现更广阔的天空,才能飞得更高。只有超越自己,才能超越别人,取得更大的进步。许多人都能实现零的突破,相信你也一样能够做到。

昭然若揭

释义

指明显得像举着日月走路一样,后用来形容真相全部暴露。昭然:明显的样子。揭:原意为高举,现指揭开。

故事

有一天,一个名叫孙休的人走到扁庆子家门前,大声地说:"我在乡里不曾被人家称为品德不修的人,遇到危难也不曾被人说不勇敢。但是我耕田种地却没有好收成,为君主办事却遇不到圣明的国君,在乡里被同乡排挤,在州邑受到了长官的驱逐,我到底是什么地方得罪了上天呢?我为

何遭遇如此命运呢？"

扁子听到了这番述说，走出门来，对孙休说道："你难道没有听说过得道之人的自然修行吗？"

孙休回答说："请您指点一二。"

扁子继续说道："他们忘掉了自己的身体，遗弃了耳目的作用，遨游在尘世之外，自由自在地逍遥于无为之中，这就叫做有所作为而不恃其功，助长万物而不以主宰者自居。现在你夸饰自己的才智来惊吓愚昧之人，修养自身来显露别人的污浊，明亮的样子像是高举着日月来行走。你能够保全自己的身体，具备自己的九窍，在人生的道路上没有遭遇耳聋、目盲、跛足等伤害而为正常人，你已经相当幸运了，你怎么有闲心埋怨上天呢？"

孙休听完扁子的一番话，恍然大悟，拜谢过扁子后就转身离开了。

赏析

很多事情并不是我们自认为的样子，就像我们所看到的天地容易被虚无缥缈的迷雾所笼罩一样。一些时候，我们总是认为自己已经做得足够好，总是认为我们得到的东西不够多，这正是我们被眼前的迷雾遮住了眼睛，所以辨认不清真相。

其实，我们已经得到了很多：强健的身体，父母的关爱，同学之间的友谊，随意挥洒的自由，美丽的青春年华……我们还有什么可抱怨的呢？当明白这一切的时候，我们会恍然大悟：原来我们得不到的东西并不是那些有形的物体，而是我们永远无法满足的内心欲望。

褚(zhǔ)小绠(gěng)短

释义

比喻能力有限,难以承担艰巨的任务。褚:装衣服的袋子。绠:吊水用的绳子。

故事

春秋时期,孔子有个弟子叫颜渊,满怀救助天下的理想。有一天,他动身去给齐王讲治国之道。他走后,孔子常叹气,面有忧色,一副很不放心的样子。

子贡看出老师有心事,便恭恭敬敬地问:"颜渊到齐国去,是推行我们的仁义道德,力图拯救人民的,先生您却为什么面带忧虑呢?"

孔子回答说:"从前一只海鸟来到鲁国的郊外,鲁侯把它迎到宗庙里,演奏最美妙的音乐《九韶》给它取乐;宰牛杀羊,办了丰盛的筵席给它吃。可是这只鸟头晕眼花,忧愁悲哀,不敢吃一口肉,也不敢喝一杯酒,不出3天就死了。这样是按人类自己的生活习性来养海鸟。如果用养海鸟的办法来养,就应该让它栖身茂密的森林,游戏于水中沙洲,漂浮于江河之上,吃一些泥鳅和小鱼,让它随着鸟群自由自在地生活。否则即使是最美妙的音乐、最丰盛的宴席,它也不会领情。就像鱼离开水就活不了,人溺在水中就会淹死,这也是彼此习性和爱好不同呀。所以,待人接物,是要看对象的。颜渊这次访问齐侯,我担心的正是这点。这使我想管子曾说过的一句话:'褚小者不可以怀大,绠短者不可以汲深。'意思是说:小袋子装不下大东西,短井绳提不来深井水。我担心颜渊向齐侯谈古圣先贤治国之道,道理

太深,对方根本无法理解,接受不了,反而把事情弄糟了。所以我才这么担心呀!"

赏析

生活是由形形色色的人和事构成的,每个人、每件事都是一个独立的个体,而独立的个体都具备各自的特性。所以我们在对待每个人和每件事情时,要选择相应合适的方式和态度,这样才能把事情办好。

对待学习也一样,我们每个人都应该找到属于自己的学习方法,盲目地把别人的经验拿来用,并不一定能帮助自己,甚至会影响学习的效果。我们一定要根据自身的实际情况区别对待学习上遇到的各种难题,找到合适的方法,各个击破。

祝宗说彘(zhì)

释义

指古人对生命可贵和名利权贵的思考。彘:猪。

故事

有一天,主持祭祀的官吏穿着礼服、戴着礼帽来到猪圈,对将要死于

自己屠刀之下的猪说:"你为什么要怕死呢? 我将花 3 个月的时间用好饲料喂养你,再戒 10 天,斋 3 天,然后铺上白茅草席,把你的肩和臀放在雕有花纹的祭器上,那么你愿意这样做吗?"

猪当然不会开口回答,这个官吏自己思索着:如果为猪打算,就会说:"还不如吃糟糠而关在猪圈里";为自己打算,则希望活着享有乘车戴冕的尊位,死后能装在绘着纹彩的枢车和棺椁里。

这样想着,祭祀官似乎寻找不到答案:为猪着想就抛弃那些东西,为自己着想便获取那些东西,其中所不同于猪的到底是什么呢?

赏析

我们有时候把人生想得过于复杂,欲望太多,想追逐的东西太多,所以我们忘记了生存的原本意义。难道我们是为了裘衣锦缎、山珍海味而来到这个世界上的吗? 事实上并非如此,哪怕是一只猪也不会愿意为了富足奢华的生活将自己送上厨房的砧板。但是,很多人却为了那些虚浮的身外之物,将自己送入了万劫不复的深渊,把自己人生的所有希望和梦想都活埋在现实的泥沼之中。我们应当有自己的梦想,但这梦想不是追逐名利,不是为了附和权势,而是更为圣洁的崇高目标。那才是我们生存的意义。

庄周梦蝶

释义

庄周在梦中变为蝴蝶。比喻虚幻的事或人生如梦，变幻无常。

故事

战国时，著名哲学家庄周在大白天做了一个梦：梦见自己变成一只色彩斑斓的大蝴蝶，翩翩飞舞在开满鲜花的草地上，一会儿停在黄色的花朵上，一会儿停在白色的花朵上，一会儿又停在红色的花朵上，多么轻松，多么愉快啊！此时此刻，根本不知道自己就是庄周，完全沉浸在一片欢乐之中。忽然间，庄周一觉醒来，睁开眼睛，不禁大吃一惊：咦，我怎么变成庄周了呢？刚才还是一只色彩斑斓的大蝴蝶！他使劲摇了摇头，认真地思索着这样一个问题：不知道是庄周做梦化为蝴蝶，还是蝴蝶做梦化为庄周了？

这时，一个叫长梧子的人走来，庄周就将自己的想法告诉了长梧子，长梧子说："你思考的这个问题很有意思，就连黄帝那样聪明的人听了，也会疑惑不明的。我听说过这样一件事情：艾地有个小官吏，他有一个女儿，名叫丽姬，长得十分漂亮，晋献公知道后，派人去把她接到宫里。离开艾地时，丽姬哭得很伤心，眼泪把衣服都湿透了。等到她到了晋献公的宫里，看到富丽堂皇的宫殿，吃着山珍海味的佳肴，感到当初离开家乡时的哭泣是错误的。丽姬现在后悔当初的行为，又怎么知道今后不后悔现在的行为呢？梦中饮酒作乐的人，早晨醒来后可能遇到祸事而哭泣；梦中伤心哭泣的人，早晨醒来后可能高高兴兴去打猎。当人在梦中，并不知道自己在做梦。有时候在梦中还做着另一个梦，等醒来后才知道

一切都是梦。"

庄周听了,哈哈大笑起来,拍着长梧子的肩膀说:"看来我们都是处在似梦非梦之中啊！"

赏析

每一个做梦的人都沉浸在属于自己的世界里,而在醒来之后,我们面对的是一个共同的人类世界。在一些梦境中,我们往往快乐不已,以至于在醒来的时候会感到格外惋惜。为什么梦会让我们感到兴奋呢？那是因为它是我们白天寻找不到的,在梦境里出现的一些事物或许正是我们苦苦追逐却尚未得到的。日有所思则夜有所梦,当我们的人生目标暂时还未实现时,或许在梦境里,我们唾手可得。所以,人们祝福时常常会说:愿你做个好梦。是的,好人会有好梦！只是我们不应沉醉在虚幻的梦境里,当我们醒来的时候,我们应该振奋精神,继续前行!

捉襟见肘

释义

拉一下衣襟就露出胳膊肘儿。形容衣服破烂,生活贫困。后多比喻顾此失彼,穷于应付。

故事

孔子在四十多年的办学中，共招收了三千多名学生，其中通"六艺"即"礼"（礼节）、"射"（射箭）、"乐"（音乐）、"御"（驾车）、"书"（书画）、"数"（算术）的著名弟子为 72 人。曾子是七十二弟子之一。

曾子是鲁国南武城（今山东省嘉祥县）人，但他在卫国（今河南省滑县一带）居住了许多年。这些年他非常贫穷，生活过得相当艰难，但他仍很乐观，志气也不因此而消减。

曾子当时穷到什么程度呢？庄周作了具体的描述：

他穿的是麻絮做的袍子，颜色非常难看，手掌和脚底长满了厚厚的老茧。有时没有米，一连 3 天都不生火做饭。接连 10 年，也没有做一件新衣服。头上戴有帽子，但不敢去碰它一下，因为稍一触动，上面的带子就会断掉。要是整一下衣襟，胳膊肘儿就会露出来。脚上的鞋子，也是藏头而露跟。

尽管曾子穷成这样，但他始终自得其乐。他常常拖着破鞋，吟诵《商颂》，声音像敲击金石乐器发出的响声一样悦耳，简直能震动天地。他生活得自由自在，天子不能得到他当臣子，诸侯不能得到他当朋友。

赏析

生活就像一段长长的链条，事事串联着，构成一个体系。在这个体系中，每件事都与另外的事情互相牵连，相互制约着。所以我们在处理事情时一定要顾全大局，考虑到事情各方面的因素，综合分析，这样才不会顾此失彼。而对于不同的事情，我们更应该运用不同的方法和策略，做到区别对待，灵活应对。合理地处理各个因素之间的关系，权衡大局，把我们的学习生活管理得井井有条，会令我们加快步伐迈向成功。

坐忘境界

释义

指通过静坐而达到忘怀一切的虚无境界。

故事

有一天,颜回对孔子说:"我有进步了。"

孔子问道:"你的进步是指什么呢?"

颜回说:"我已经忘掉仁义了。"

孔子说:"忘掉仁义,有可能入道,然而还是没有进入大道。"

过了几天,颜回又去拜见孔子,说:"我又进步了。"

孔子问道:"你的进步又是指什么呢?"

颜回说:"我已经忘掉礼乐了。"

孔子说:"忘掉礼乐,有可能入道,然而还是没有进入大道。"

过了几天,颜回再次去拜见孔子,说:"我又有进步了。"

孔子问道:"你的进步又是指什么呢?"

颜回说:"我静坐而忘掉一切了。"

孔子惊奇地问道:"什么叫做静坐而忘掉一切呢?"

颜回说:"忘掉自己的形体,抛弃自己的聪明,摆脱形体和智能的束缚,与大道混同一体,这就叫做静坐而忘掉一切。"

孔子拍手称道:"与大道混同则无偏好,顺着大道的变化就不会滞守常理。你果真成为贤人了啊!我孔丘也要向你学习了。"

赏析

心态决定一切,无论做什么事情,我们都应该有良好的心态。看淡身外之物,保持一种恬淡平和的心境,从中享受生活的乐趣。客观地看待身边的环境,尊重社会中的每一个人,尊重他人的喜好。用一种豁达平和的心态去面对摆在眼前的种种难题,看淡名利,不计得失,这时你会发现生活多了很多美好,少了许多忧愁,你也将收获一个丰富多彩的人生。